사이버공간의
사회자본

사이버공간의
사회자본

김명아 지음

KSI 한국학술정보㈜

사이버 공간에서 행위자들의 다양한 활동의 증가는 정보나 지식의 교환 수준을 넘어서서 가치관과 감정 및 정서의 공유를 통한 관계 확장으로까지 이어지고 있다. 장기적으로 볼 때 사이버 공간에서 정서적인 감정을 공유하고 관계 형성을 위한 상호교류가 이루어지면서 사회적 영향력은 증가할 것으로 본다. 즉 시간이 흐를수록 개방적 네트워크(약한 연대)에서 폐쇄적 네트워크(강한 연대)로 발전할 것이다. 그리고 사이버 공간에서 행위자들의 활동들은 오프라인상에 이루어지는 관계형성의 과정과는 다르지만 새로운 사회적 관계를 형성하고 강화해 가고 있다.

이렇듯 사이버 공간은 사람들의 삶에 영향을 미치고 있으며 그 결과는 다양하게 나타나고 있다. 이러한 시점에서 행위자들의 활동은 어떻게 평가되어야 하는가. 온라인네트워크 내에서 행위자들은 어떻게 삶의 질을 높여가고 있는가. 최근 이러한 활동을 평가하는 논의 중 하나가 사이버 공간에서의 사회자본에 대한 논의들이다. 기존의 논의들이 사이버 공간에서 사회자본이 증가하느냐 아니면 감소하느냐로 구성되어 있다면, 본 저서는 증가냐 감소냐의 구분보다는 개개 행위자들이 사이버 공간에서 어떻게 사회자본을 창출하고 활용하고 있는지를 분석하고 있다. 즉 사이버 공간에서 사람 대 사람 간의 관계 형성의 확장과 관계 발전의 과정에 대한 분석이다. 나아가 사이버 공간에서 인간중심의 관계가 어떻게 형성되는가를 파악함으로써 정보화 사회에서 행위자들의 삶의 질을 높일 수 있는 방안을 탐색해 보는 데 본 저서의 의의가 있다고 본다.

이를 위해서 우선 개개 행위자들이 온라인네트워크에 접근하는 동기에 대해 조사를 했다. 사회자본은 사람들 간의 사회적 네트워크 속에 배태된 자원이다. 따라서 행위자들은 동기가 부여된 행위를 위해 사회적 네트워크에 접근하게 되며, 나아가 행위자의 의도된 행위는 자원에 대한 접근과 활용에 영향을 미치게 된다. 다음으로 행위자들의 접근 동기와 온라인네트워크의 특성 및 사회자본과의 관계를 분석했으며, 이런 분석을 통해 온라인네트워크와 사회자본 창출과의 인과관계를 예측했다. 결국, 사회자본은 다양한 접근 동기와 네트워크의 결합에 따라 다양하게 나타날 수 있음을 보여주고 있다.

그리고 이런 상황은 자동적으로 유지된다기보다는 행위자들의 지속적이고 의도적인 행위의 영향을 받는다. 따라서 본 저서는 행위자의 의도적인 행위가 사회자본의 형성과 활용에 어느 정도의 영향을 끼칠 것인지를 알아보았다. 왜냐하면 사회자본은 사회적 관계 속에 배태된 자원이기 때문에 지속적으로 사용되지 않는다면 감소하기 때문이다. 결국 사회자본은 네트워크화한 자원이기 때문에 긍정적인 자원을 극대화하고 유지하기 위해서는 행위자들의 투자와 노력이라는 의도적 행위가 필수적이다. 더욱이 행위자들은 가치 있는 자원이 안전했을 때는 자원을 획득하기 위해 노력할 것이기 때문에 개인적인 노력에 따라 사회자본의 성공여부는 다양해질 수 있다(Lin, 1999a, 2001: Coleman, 1990: Portes, 1993, 1996, 1998).

마지막으로 사이버 공간에서의 사회적 관계와 활동시간과 기간들이 오프라인상의 관계뿐만 아니라 새로운 사회자본 창출에 어떠한 영향을 미치고 있는지를 분석해 보았다.

이와 같은 분석을 통해 단순히 온라인네트워크에 접근한다고 해서 사회자본을 형성하는 논리보다는 행위자들의 선택과 의도적행위,

그리고 오프라인상의 사회적 관계가 중요한 영향을 끼칠 수 있음을 알 수 있었다.

　연구 결과, 사이버 공간에서 관계형성은 개방된 네트워크(약한 연대)에서 폐쇄된 네트워크(강한 연대)로 발전해 가고 있었으며, 규칙이나 규범의 강화보다는 회원들 간의 정서적 감정의 교환 등 인간중심의 네트워크형성이 더 많은 사회자본을 획득하는 데 도움을 주고 있었다. 사이버 공간에서 긍정적인 사회자본을 획득하는 것은 단순한 과정이 아니었다. 행위자들은 정서적 감정을 교류하고 의사소통을 하면서 자기가 알고 지낸 사람이거나 혹은 낯선 사람들과 관계를 강화하거나 확장해 가고 있다. 그리고 이러한 관계 속에서 자신들의 문제나 고민을 해결하고 심지어 사이버 공간에서 호혜적 정보교류를 통해 오프라인상 발생하는 문제에 대한 해결책을 확보하면서 서로 간에 신뢰를 형성하기도 했다.

　따라서 행위자들은 온라인네트워크 내에서 표출적 사회자본과 도구적 사회자본을 창출하고 활용하기 위해서는 정서 중시 네트워크를 활성화해야 한다. 즉 회원들 간에 어려운 일이나 문제 해결에 많은 도움을 주는 등 감정적이고 정서적인 상호작용을 강화시키는 정서를 중심으로 한 관계의 속성을 발전시켜야 함을 보여주고 있다.

본 저서를 통해 온라인네트워크 내에서 행위자들 간의 관계 속성과 사회자본과의 상호작용을 파악할 수 있을 것이며, 나아가 온라인네트워크 내에서 행위자들의 삶의 질을 향상시키기 위한 구도를 파악할 수 있을 것이다.

본 저서의 완성을 위해 옆에서 돌봐준 가족들에게 고마움의 마음을 전한다. 또한 저서가 완성되는 데 많은 지적과 도움을 주신 주변의 지인들에게도 감사의 말을 전하고 싶다.

2009년 3월
김명아

›››› 목차

>>> 제**1**장 서론

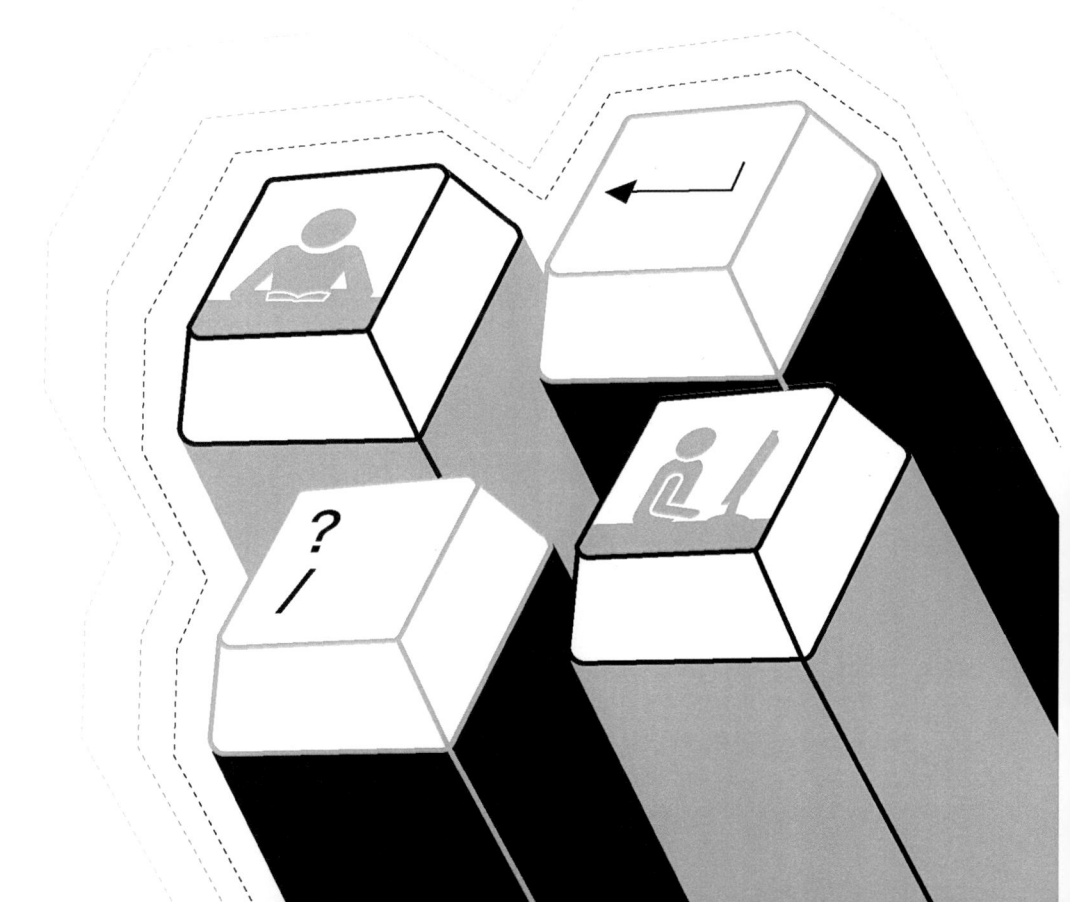

1. 연구배경 및 연구목적

　사이버 공간에서 만나는 사람들의 모습은 어떤 것일까?

　행위자들은 온라인네트워크의 특성을 통해 지리적인 차원을 벗어난 새로운 사회적 관계를 형성하고 있다. 사람들은 이러한 네트워크 속에서 단순한 접촉뿐만 아니라 정보·의견·감정·사교·지원·소속감·사회적 정체성·가치관을 교환하면서 연대의 네트워크를 생성하고 있다(Wellman, 2001a, 2001b: Rheingold, 2000: 김종길·김준수, 1998: 이호규, 2002). 온라인은 행위자들이 매력을 느끼고 계속 머물게 하며, 상호작용을 강화시키고 행위자들의 욕구를 채워주기 위한 서비스 교환을 가능하게 한다(이재관, 2002).

　이들의 논의들을 통해 볼 때, 사이버 공간에서는 유사한 관심사를 가진 사람들이 정보나 지식, 가치관을 교환하고 감정을 공유하면서 흥미와 재미를 추구할 뿐만 아니라 새로운 유대관계를 형성하며 사회적 관계를 확장해 가고 있다. 그리고 행위자들의 이러한 활동은 더욱 증가해 가고 있다.

정보통신부와 한국 인터넷진흥원의 2005년 하반기 정보화 실태 조사에 의하면 만 6세 이상 인터넷 이용자수는 33,010천 명으로 2004년 12월 대비 1,430천 명이 증가하였으며, 인터넷 이용률은 72.8%로 전년대비 2.6% 증가했다. 특히 연령별 이용률은 20대가 97.9%로 가장 높았고 6～19세가 97.8%, 30대 91.0%, 40대 68.7% 의 순으로 나타났다.[1)]

이러한 온라인 활동의 증가는 행위자들의 양적 증가뿐만 아니라, 행위자들 간의 다양한 활동과 관계 확장 증가의 의미도 내포하고 있다. 온라인 독도, 추모행렬('김선일 씨 추모행렬', '정은임 아나운서 추모행렬' 등), 사회 초년생 커뮤니티('힘들지만 힘차게'), 인터넷 공부('자양영어'), 공부방 카페, 노티즌 카페, 노후닷컴, 인터넷 선거운동, 인터넷 정치활동, 취업관련 등에서 나타나듯이 수많은 사람들이 사이버 공간에서 다양한 관계를 형성하고 있다. 그리고

---

1) http://www.nca.or.kr/nca-news/trend01-20060207.htm(한국전산원 정보자료실 NCA Weekly Newsletter Vol. 23).

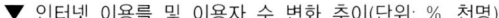

▼ 인터넷 이용률 및 이용자 수 변화 추이(단위: %, 천명)

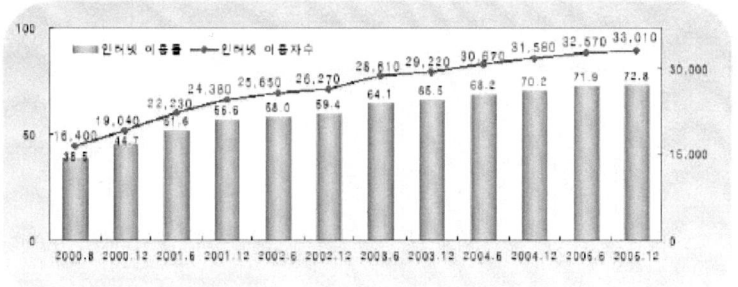

주 1) 2004. 12부터는 이동통신망을 이용한 무선인터넷 이용자도 인터넷 이용자에 포함
   2) 2004. 12부터는 국내·국외에서 일반화된 인터넷 이용자 정의를 채택하여 본 조사의 정의를 '월평균 1회 이상 인터넷 이용자'에서 '최근 1개월 이내 인터넷이용자'로 변경함

이러한 관계 속에서 정보 교환과 더불어 정서와 가치관의 공유를 통해 사회적 관계를 확장하고 있다.

특히 정보화 실태조사에 나타나듯이 온라인은 젊은 세대에게 중요한 생활의 공간이 되고 있다. 싸이월드의 미니홈피나 블로그를 통한 정서적 만족감과 흥미와 재미(자기 보여주기), 정보와 지식의 교환도 젊은 세대에게 많은 인기를 끌고 있으며,[2] 미국은 여중생 사망사건 이후 반미감정을 해소하고 젊은 네티즌과의 거리를 좁히기 위해 2004년 10월 19일 다음 카페에 'Cafe USA'를[3] 개설하여 한국의 젊은 세대들과의 거리 좁히기에 나설 만큼 우리 사회에서 젊은 세대들에게 사이버 공간은 중요한 활동무대이다. 그러나 사이버 공간에서의 활동들이 반드시 긍정적인 결과만을 가져오는 것은 아니다. 역으로 자살·범죄 등과 관련된 만남이 이루어지기도 하며, 개인 프라이버시를 침해하거나 특정인을 대상으로 가짜 기사를 유포하는 피해 등이 발생하기도 한다.

이렇듯 사이버 공간은 긍정적이든 부정적이든 사람들의 삶에 깊숙이 자리 잡고 있으며 그 결과들은 다양하게 나타나고 있다. 그렇다면 이러한 시점에서 행위자들의 활동은 어떻게 평가되어야 하

---

2) 싸이월드(www.cyworld.co.kr)의 미니홈피나 블로그는 공동체 행위자들의 수동적인 참여에서 개인의 능동적인 활동이 모여 친밀도를 높이고 다른 사람들의 일상생활과 사고에 접근할 수 있는 통로를 제공하고 있으며, 게시판을 통해 서로의 의견과 정보를 교환하는 역할을 하고 있다. 예를 들면, 김형곤 씨는 자신의 미니홈피에 50여 가지의 요리과정을 담은 사진과 요리법을 올렸으며 1만여 명이 스크랩을 했다. 김효신(25) 씨는 장사를 하면서 자신의 미니홈피에 독특한 소품과 그림을 올렸으며 이것을 보려고 지방 고객까지 생겨났다. 김정선 씨는 자신이 고혈압 환자임을 알렸을 때 게시판과 방명록에 고혈압을 정복할 수 있는 정보가 쏟아졌다. 또한 사진첩의 관리를 통해 오래전에 헤어진 사람과 다시 만날 수도 있으며 삶에 윤기까지 주고 있다고 한다(www.hani.co.kr. 2004년 7월 14일). 또한 싸이월드의 젊은층들이 사회봉사에 참여하고 있거나, 관련정보 제공 또는 단체를 후원하는 역할도 하고 있다 (www.hani.co.kr. 2005년 7월 10일).

3) http://cafe.daum.net/usembassy

는가. 온라인네트워크에서 행위자들의 활동이 긍정적으로 이루어지기 위해서는 무엇이 필요한가. 이 연구는 바로 이러한 관심에서 출발하고 있다.

최근 이러한 활동을 평가하는 논의 중 하나가 사이버 공간에서의 사회자본에 대한 논의들이다. 사이버 공간에서의 사회자본에 대한 논쟁은 다양하게 전개되어 왔다. 온라인이라는 가상공간에서 사회자본의 형성은 가능한가. 현실세계와 어떠한 관계 속에서 진행될 것인가. 이들 논의에 의하면 행위자들은 다양한 동기에서 온라인에 접근하고 있으며, 온라인네트워크의 특성과 활동 목적, 의도적 행위에 따라 사회자본의 형성과 활용에 차이가 발생하게 된다.

본 저서에서 이러한 논의들 속에서 중요하게 관심을 갖고 있는 행위자들이 사이버 공간에서 사회자본의 형성과 활용에 영향을 미치고 있다는 점이다. 왜냐하면 온라인 집단(online group)은 자연발생적이거나 그냥 주어지는 것이 아니라 성원들의 노력에 의해 형성되고 유지되기 때문이다(윤영민, 2000: 247).

이제 사람들은 온라인네트워크에서 자유롭게 자신에게 필요한 것을 획득하고 다른 사람들에게 필요한 것들을 제공하면서 상호작용을 확산하거나 또는 자신만의 공간을 형성함으로써 가상의 공간 속에서 자신의 영역을 굳히고 있다. 그렇다면 온라인네트워크에서 행위자들의 긍정적인 관계 형성을 위해 필요한 것은 무엇인가?

본 저서는 이러한 관점에서 사이버 공간에서 활동하고 있는 행위자들을 분석대상으로 하여 사이버 공간에서 사회자본의 형성과 활용 과정에 대해 체계적으로 분석하고자 한다.

따라서 다음과 같은 측면에 주목했다.

사회자본이 사이버 공간에서도 형성된다는 단순한 논리를 뛰어넘고자 한다. 수많은 사람들은 사이버 공간에서 자유롭게 만날 수 있으며, 공동의 관심사에 따라 특정한 사회적 네트워크를 형성하기도 한다. 그러나 이러한 만남이 바로 사회자본 형성으로 연결되는 것은 아니다. 왜냐하면 첫째, 개개 행위자들이 온라인네트워크에 접근하는 동기와 사회자본 획득을 위한 의도적 행위들이 복잡하고 다양하기 때문이다. 따라서 사이버 공간에서 사회자본의 형성과 활용의 가능성은 다양한 측면에서 바라봐야 한다. 둘째, 사이버 공간에서 형성되는 네트워크는 사람들 간의 정서적인 관계에 의해 이끌어지거나 또는 네트워크상에서 형성된 규범에 의해 이끌어질 수도 있기 때문에 사회자본의 형성과 활용에 차이를 보일 수 있다. 셋째, 사이버 공간에서는 오프라인과는 다른 사회적 관계 형성 과정을 보이고 있기 때문에 사회자본의 형성에 있어서도 오프라인 시각에서 평가한 사회자본과 동일한 수준에서 평가할 수 없다.

　　이러한 시각을 기준으로 하여 본 저서는 첫째, 개개 행위자들이 사이버 공간에 접근하는 동기를 분석하여 사이버 공간에서 다양한 사회적 네트워크의 형성 및 특징을 파악하고자 한다. 둘째, 다양한 네트워크의 속성과 접근 동기, 그리고 개개 행위자들의 의도적인 행위(개인차원의 노력 또는 투자)에 의해 사회자본의 형성과 활용에 차이가 나타난다는 점을 파악하고자 한다. 즉 행위자들이 어떠한 동기에 의해 온라인네트워크에 접근하게 되는지를 살펴보고, 이러한 네트워크 내에서 자발적으로 이루어지는 행위자들의 의도적인 행위가 사회자본의 형성과 활용에 어떠한 영향을 미치는지를 살펴 볼 것이다. 셋째, 나아가 사이버 공간에서 사회자본의 활용과 행위자들의 삶의 질과의 관계를 제시해보고자 한다.

　이러한 연구의 필요성은 다음과 같다. 사회자본에 대한 연구나 온라인에 대한 연구는 이미 많이 진행되어 왔다. 그러나 행위자들을 분석대상으로 하여 사이버 공간에서 사회자본 활용 과정에 대한 연구는 미비한 실정이다. 사이버 공간에서 관계라는 것은 그냥 주어지는 것도 아니고, 관계교류의 결과도 단순하게 제시되는 것도 아니다. 네트워크의 구조와 행위자들의 의도적 행위의 복잡한 관계 속에서 다양한 사회자본이 형성되고 유지되는 것이므로 사이버 공간에서 사회자본의 형성과 활용의 과정은 다양하게 나타날 것이다.

　수많은 사람들이 사이버 공간에서의 활동을 통해 관계를 형성하면서 긍정적인 결과를 얻기도 하고 부정적인 결과를 얻기도 한다. 이를 이유로 사이버 공간에서의 활동이 좋다, 나쁘다는 식으로 선을 그을 수는 없으며, 단순한 논리에 의해 사이버 공간에서 사회자본이 증가한다, 감소한다고도 할 수 없다. 따라서 사이버 공간에서 어떤 경로를 통해 사회자본의 활용이 이루어지고 있으며, 어떠한 요인들이 사회자본 형성과 활용에 영향을 미치고 있는지를 분석할 것이다. 그리고 이를 통해 온라인네트워크 내에서 행위자들의 삶의 질을 향상시키기 위한 구도를 파악할 것이다. 나아가 개개 행위자들의 주체적인 선택과 활동들이 사회자본의 형성과 활용 및 다양한 효과에 어떠한 영향을 미치는가를 분석하여 사이버 공간에서의 인간 중심의 관계 형성을 파악할 것이다.

2. 연구의 방법 및 대상

1) 연구방법

본 저서는 표본조사와 문헌조사, 그리고 사례연구를 실시하였다. 표본조사의 경우에는 조사대상자들에 대한 기본적인 특성, 접근 동기, 온라인네트워크, 사회자본, 의도적 행위, 사회자본 형성과 활용 등에 대해 기술적인 통계 방법 및 요인분석, 요인들 간의 신뢰성 분석, 상관관계분석, 그리고 AMOS(Analysis of Moment Structure) 통계 방법들을 활용하였다.

본 저서는 행위자 중심의 사회자본 창출과 사용에 대한 인과관계를 분석하기 위해 AMOS 통계를 주로 활용하였다. AMOS는 구조방정식 모델(Structural Equation Model: SEM) 중 하나이다. AMOS는 구조방정식모형, 공분산분석, 인과분석 등의 자료 분석을 위한 프로그램이며, 경로분석에 기반을 둔 선형회귀모형, 요인분석 등의 통계분석도 가능하다. 더욱이 AMOS는 전통적 통계방법인 회귀분석과 요인분석만으로 해결될 수 없는 인과적인 모형을 보여줄 수 있을 뿐만 아니라, 회귀분석과 요인분석을 하나로 결합하여 분석할 수도 있다(김계수, 2004: 노형진, 2002).

AMOS의 장점은 잠재변수(Latent Variable)와 관측변수(Observed Variable)를 구분한 후 관측변수의 측정오차를 고려하여 잠재변수 간의 관계를 분석할 수 있다는 것이다. 더욱이 AMOS는 결측치가 포함된 데이터라도 누락시키지 않고 모델 안에서 사용하는 완전 정보 최우법(Full Information Maximum Likelihood)으로써 바람직한 추정치를 사용할 수 있다.

이 연구에서는 접근 동기, 온라인네트워크 성격, 행위자들의 의도적 행위, 사회자본에 대해 SPSS상에서 탐색적 요인분석을 실시한 후 AMOS에서 확인적 요인분석의 과정을 거쳐 요인들 간의 인과관계를 분석하였다. 또한 이러한 요인변수들뿐만 아니라 개별 관측변수들과의 인과관계 모형을 살펴봄으로써 개개 행위자들이 온라인네트워크 속에서 어떠한 활동들을 하고 있는지, 온라인에 접근하는 동기 및 네트워크 속성 수준, 혜택으로서의 사회자본 형성수준, 관계유지를 위한 개개 행위자들의 의도적 행위(노력) 수준에 대한 인과관계를 파악하였다. 그리고 구조모형에서 상정하는 외생변수와[4] 내생변수들[5] 간의 구조적 관계에서 나타나는 경로계수를 추정하여 각 외생변수가 내생변수에 미치는 총 효과(직접효과+간접효과)를 통해 추정하였다.

문헌조사와 사례연구를 통해서는 사회자본의 전제조건으로서의 네트워크 속성 및 행위자들 간의 관계, 개인의 의도적 행위와 사회자본 간의 관계에 대해 보완하였는데, 우선 온라인과 사회자본에 대한 기존 논의들을 통해 경험적 연구를 위한 기초 작업 및 보완에 활용하였다. 그리고 사례분석을 통해서는 사이버 공간에서 행위자들 간의 상호관계에 대한 보완적 자료를 획득하고자 한다. 본 저서에서 사례분석이라는 질적인 방법을 사용하는 이유는 다음과 같다.

---

4) 구조모형에서 화살표를 하나도 받지 않는 변수
5) 구조모형에서 화살표를 받는 변수

질적인 연구는 통계 방법에 의한 양적 자료의 분석을 용이하게 한다. 통계적 방법을 통해 밝혀진 결과를 사례연구를 통해 설명함으로써 경험적으로 유도된 구조적 외적 타당도를 확보할 수 있게 되며, 또한 양적연구를 통해서는 얻기 어려운 다양한 패턴들을 입증할 수 있게 된다. 이렇듯 동일한 현상에 대해 서로 다른 방법을 활용하게 되면 보다 명확하고 신뢰할 수 있는 정보를 획득할 수 있다. 그리고 획득된 결과를 강화하거나 정교화함으로 오류의 가능성을 줄일 수 있다(신경림, 2004: Bryman, 1988: Johnson and Christensen, 2000).

따라서 본 저서는 온라인 집단에 대한 사례분석을 활용하여 사이버 공간에서의 활동내용과 게시판, 토론방, 방명록 등의 분석을 통해 개인들의 의도적이고 자발적인 행위 및 사회관계 형성과 유지 정도, 사회자본 획득 정도 등을 파악하고자 한다.

2) 연구대상

본 저서는 온라인에서 활동하고 있는 행위자들을 분석대상으로 사이버 공간에서 사회자본 형성과 활용 과정에 대한 체계적인 과정을 파악하기 위한 것이다. 본 저서에서 사용한 표본조사(survey research)는 2006년 4월 10일부터 21일까지 9개 대학의 학사과정 재학생들을 대상으로 실시한 '2006 한국 대학생들의 의식과 생활에 대한 조사연구'의 결과이다. 대학생들을 연구대상으로 한 이유는 현재 사이버 공간에서 가장 활발하게 활동하고 있는 행위자들 중의 하나로서, 그들은 N세대, 신세대, X세대 등으로 불리면서 사이버 공간을 생활의 일부로 향유하면서 자라온 세대들이기 때문이다(황상민, 2004). 이들 대학생들은 사이버 공간에서 자신에 대한 지위나 가치, 타인의 인정에 대한 만족을 느끼면서 다양한 커뮤니케이션 욕구를 충족시키고 있으며, 자긍심을 느끼고 자신의 정체성에 대한 PR을 적극적으로 하고 있다. 따라서 대학생들에게 사이버 공간은 단순히 시간보내기의 차원을 넘어서서 자기개발의 활동이 이루어지고 있는 장소이다(이시영, 2002: 박광순·조명휘, 2004). 또한 대학생들은 사이버 공간이 늘 활동하는 생활의 공간이기 때문에 이곳에서 많은 시간을 보내고 있다. 대학생활에 필요한 모든 정보나 진로 준비, 심지어 아르바이트 정보까지 확보하고 있으며,[6] 특히 대학생들의 대부분은 인터넷 게시판 글쓰기(댓글)를 통해 각종 정보를 주고받을 뿐만 아니라(80.1%), 다른 사람의 글쓰기도 관심 있게 보는 것으로 나타났다. 이 글쓰기는 현재 사이버 공간에서 자신을 나타내는 영향력 있는 지표로 등장했다. 이 글쓰기는 단순한 작성에서 벗어나 사회적 이슈를 만들어 내기도 하고 숨겨진 사건·사고를 공개하기도 할 정도로 그 영향력이 커지고 있다. 이러한 글쓰기 문화에 대학생들은 관심을 보이고 있으며, 이를 통해서 자신의 새로운 모습을 탐색해 가고 있다[7].

따라서 본 저서는 사이버 공간에서 현재 활발한 활동을 하고 있

---

6) http://www.dt.co.kr/(디지털타임스: 2006.5.19)

7) http://www.campustimes.co.kr/(전교학신문: 2006. 5. 1) - 전교학신문이 인터넷 취업포털 커리어(www.career.co.kr)와 대학생 1,133명(남 556명, 여 557명)을 대상으로 2006년 4월 13일부터 24일까지 대학생들의 댓글 활동실태에 대한 공동 설문조사를 실시한 결과 '인터넷 기사나 글, 사진 등의 게시물을 보고 댓글을 단 적 있습니까?' 질문에 80.1%가 '있다'고 응답했으며, '게시물보다 댓글에 더 관심을 가진 적이 있습니까?'라는 질문에는 '때때로 그렇다'와 '매우 그렇다'가 74.3%와 15%로 나타났다.

으며, 앞으로 사회적 영향력을 행사할 가능성이 높은 대학생들을 연구 대상으로 삼고자 한다.

〈표 1-1〉 대학별 표집 인원

단위: 명, %

	사례 수	비 율
경북대	98	11.2
부산대	100	11.5
서울대	93	10.7
성균관대	97	11.1
연세대	91	10.4
홍익대	94	10.8
전남대	92	10.6
전북대	97	11.1
충남대	110	12.6
계	872	100.0

　본 조사는 호남, 영남 그리고 서울의 9개 대학(경북대, 부산대, 서울대, 성균관대, 연세대, 홍익대, 전남대, 전북대, 충남대)을 중심으로 총 1,000명의 학생들을 대상으로 실시되었다. 그리고 대상 학생들은 해당 부수에 따라 성별과 연령, 학력 및 전공계열을 고려하여 1학년, 2학년 이과 여자·남자, 3학년, 4학년 이과 여자·남자와 1학년, 2학년 문과 여자·남자, 3학년, 4학년 문과 여자·남자학생들로 구분하였다. 그 결과 결측값들을 제외하고 총 872명이 조사되었다. 각 대학교별 표본은 경북대 98명, 부산대 100명, 서울대 93명, 성균관대 97명, 연세대 91명, 홍익대 94명, 전남대 92명, 전북대 97명, 충남대 110명으로 집계되었다(<표 1-1>).

〈표 1 - 2〉 조사대상자의 일반적 특징

단위: 명, %

		사례 수	비 율	전체 수	계
성별	남	449	51.5	872	100.0
	여	423	48.5		
연령	20세 미만	206	23.6	872	100.0
	20세 이상 - 24세 이하	578	66.3		
	25세 이상	88	10.1		
학년	1학년	216	24.8	872	100.0
	2학년	232	26.6		
	3학년	262	30.0		
	4학년	162	18.6		

설문조사에 참여한 조사대상자들은 <표 1 - 2>와 같이 총 872명 중 남성 51.5%, 여성 48.5%를 차지하고 있으며 연령대는 20세 미만 23.6%, 20세 이상~24세 이하 66.3%, 25세 이상이 10.1%로 나타났다. 학년별로는 1학년 24.8%, 2학년 26.6%, 3학년 30.0%, 4학년 18.6%의 분포를 보이고 있다.

본 저서는 사이버 공간에서 행위자들의 관계에 대한 논의를 보충하기 위해 준거적 선택(criterion - based selection)을 통해 연구사례를 선정하였으며, 준거적 선택 중 전형적 사례 선택(typical caseselection)과 유명한 사례 선택(reputational case selection)을 혼합하여 선정하였다.

괴츠와 르꽁뜨(Goetz and LeCompte, 1984)는 질적 연구의 목적과 현장의 특성에 따라서 열 가지 준거적 선택이 가능하다고 보았는데, 그중 하나가 모집단 특유의 속성을 가장 많이 가지고 있는 사례를 선택하는 '전형적 사례선택'과 대중적 평판이나 전문가의 조언에 따라 선택되는 '유명한 사례선택'이다(조용환 2000: 27 - 28).

본 저서는 앞의 설문조사와 통계적인 전문조사 자료에 의해 대중적으로뿐만 아니라 실제적으로도 대학생들의 활발한 활동이 이루어지고 있는 두 집단의 사례를 선정하였다. 행위자가 소유하고 있지 않은 자원 획득이라는 도구적 사회자본과 행위자가 소유하고 있는 정서적이고 정신적인 자원의 유지라는 표출적 사회자본의 속성을 가장 많이 가지고 있는 것으로 인식되는 Daum의 '카페'와 싸이월드[8]의 '미니홈피'가 그것이다.

2006년 현재 '미니홈피' 시장에서 싸이월드의 점유율은 90%를 넘고 있으며, '카페' 시장에서 Daum의 점유율도 90%를 넘고[9] 있을 정도로 사이버 공간에서 이들의 영향력은 매우 크다. 싸이월드와 Daum 카페의 회원 수는 해마다 증가하고 있으며, 특히 대학생들에게는 중요한 활동무대로 자리 잡고 있다.

본 설문 조사에 의하면 자신이 직접 꾸미고 관리하는 1인 미디어(미니홈피, 블로그 등)를 사용해 본 경험이 있는 대학생들은 88.3%로 높게 나타났다. 대학생들의 1인 미디어의 일주일 평균 사용시간은 2시간 이상 23.6%, 30분~1시간미만 22.6%, 1~2시간미만 22.3% 등의 순으로 대체로 1시간 이상 사용하는 것으로 나타났으며, 지속적으로 사용하는 이유(복수응답)에 대해서는 '인간관계를 돈독히 하기 위해'가 24.4%로 가장 높았다.

대학생들에게 싸이월드의 미니홈피는 대체로 오프라인상에서의 관계에 근거를 두고 있다. 따라서 친구들이 자신을 위해 글을 남겨둔다는 것을 알기 때문에 미니홈피에 들어가는 일을 하루 업무

---

8) http://cyworld.nate.com
9) h21.hani.co.kr (2006.1.18)

중 일순위에 둘 정도이다(김예란, 2004).

이처럼 싸이월드의 '미니홈피'는 신뢰기반의 정보공유와 소통을 가능하게 만드는 1인 미디어 서비스이다. 싸이월드의 회원 수는 2004년 1,000만 명에서 2006년에는 1,700만 명으로 증가하였다.

〈표 1-3〉 인터넷 서비스 현황

2003년 12월, 코리안클릭

	UV(만)	PV(억)	DT(분)
검색	2345	53	80
뉴스	2228	57	151
메일	2304	54	87
게임	1488	12	63
클럽	2074	82	182
미니홈피	1350	50	183
블로그	634	2	17

2005년 8월, 코리안클릭

	UV(만)	PV(억)	DT(분)
검색	2756	60	111
뉴스	2666	56	198
메일	2643	56	81
게임	1981	16	71
클럽	2522	137	195
미니홈피	2325	207	297
블로그	2421	21	41

출처: 아이뉴스24com (http://www.inews24.com)
　주) UV: Unique Visits 순 방문자 수
　　 PV: Page View 페이지 뷰
　　 DT: Duration Time 사이트 체류시간

또한 <표 1-3>에 의하면 방문자 수나 페이지 뷰, 사이트 체류시간 등에 있어서도 1인 미디어(미니홈피, 블로그)의 사용은 그

동안 인터넷 서비스의 대표인 메일 서비스보다 그 증가폭이 높게 나타나고 있다. 메일 서비스의 경우 월 평균 이용시간이 2003년 12월 말 약 87분에서 2005년 8월 말 81분으로 감소한 반면, 미니홈피의 경우, 이용자 수는 1,350만 명에서 2,325만 명으로, 이용시간은 183분에서 297분으로 증가하였다.

[그림 1-1] 커뮤니티 서비스 이용지표(2004년 6월)

구 분	방문자수 (단위: 천명)	페이지뷰 (단위: 천페이지)
다음 카페	19,996	5,777,359
싸이월드 미니홈피	12,974	11,167,713
네이버 블로그	10,361	585,520

출처: 매트릭스 (http://www.metrixcorp.com)

[그림 1-2] 싸이월드 미니홈피 월간 방문자 수(2004년 11월)

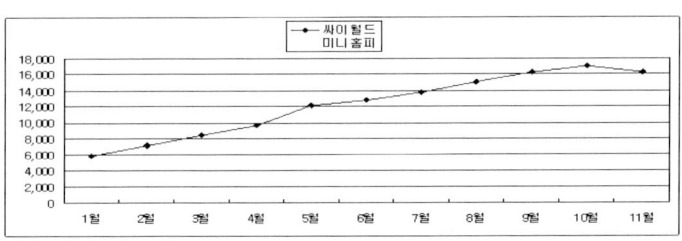

출처: 매트릭스 (http://www.metrixcorp.com)

[그림 1-1]의 2004년 6월 기준 서비스 이용지표에 의하면 싸이월드의 미니홈피는 Daum 카페 다음으로 네티즌들의 호응도가 높았으며, 특히 2003년 9월 3,789천 명의 방문자수가 2004년 11월에는 16,237천 명으로 나타났다([그림 1-2]).[10]

---

10) 현재 2006년 1월 가입자 1,700만 명을 넘어선 싸이월드는 메신저 서비스 '네이트온'과의 연계서비스, 휴대전화로 이용 가능한 모바일 싸이월드, 1인 퍼블리싱 미디어 '페이퍼', 유무선 컨버전스 커뮤니티 '팀플', 새로운 공익적 사회참여 활동을 리드하는 '사이좋은 세상', 개

본 저서는 사회적 관계 속에서의 사회자본 분석이기 때문에 미니홈피 행위자들의 상호적 텍스트 교환과 이를 통해 형성되는 인간관계를 살펴볼 것이다.[11] 1인 미디어의 대표격이라 할 수 있는 싸이월드 '미니홈피'는 2001년 9월에 시작하였다. 이용자가 텍스트, 사진, 동영상, 그림 등 다양한 멀티미디어 콘텐츠들을 손쉽게 올릴 수 있으며, 개인마다 미니 룸을 꾸미고 '일촌 맺기' 등의 인맥관리를 통해 행위자들 간의 쌍방향 의사소통을 제공하고 있다. 미니홈피의 미니 룸을 통해 일상적인 삶을 그려낼 수 있으며, 미니 룸의 주인인 미니미는 여러 가지 이미지를 통해 행위자 자신의 현재 상황을 표현할 수 있었다.

그러나 미니 룸은 주인만의 공간으로 구성되지는 않는다. 주인과 함께 방문객들이 글을 남기거나, 이미지를 구성하는 데 도움을 주는 즉 개인공간이기도 하지만 타인과의 관계 속에서 형성되고 유지된다. 특히 일촌 맺기와 파도타기는 인간관계 형성을 위한 중요한 방식이다. 파도타기는 자신의 미니홈피를 다른 사람의 미니홈피와 연결하는 행위이다. 일촌 맺기는 신청자가 상대에게 이름을 붙이고 친구요청을 하면 상대가 이를 받아들임으로써 관계가 성립된다.

그러나 일촌 맺기의 신청은 대부분 오프라인상에서 맺게 된 인간관계에 근거하고 있다. 일촌은 거의 아는 사람들로 구성된다. 또한 파도타기는 일촌을 맺은 사람들을 통해 계속해서 다른 사람들

___

인과 법인의 신뢰 공간 '타운' 등을 제공하고 있다

11) 싸이월드는 관계를 중시하는 한국인들의 특성을 그 어떤 커뮤니케이션 수단보다도 디지털 시대의 네트워크상에서 가장 잘 실현시켜주면서…… 사람 간의 관계라는 동양적 가치를 추구…… 사회적 네트워크로 통하는 싸이월드의 가치……(www.inews24.com)

과 일촌 맺기를 맺어가는 형식이다. 그러나 일촌 맺기는 항상 개방되어 있는 것은 아니다. 주인이 미니홈피를 비공개로 설정할 경우에는 아는 사람들만의 관계 형성으로 축소되기도 한다. 싸이월드의 미니홈피는 낯선 사람들의 무작위 방문으로 인한 부정적인 효과를 차단하고 상호 승인을 통해 의미를 공유함으로써 사이버 공간에서 상호관계를 형성하고 있었다. 본 저서는 현재 연구자가 운영하고 있는 미니홈피에서 파도타기를 통해 만날 수 있는 학생들과의 대화 및 미니홈피에 대해 분석하였다

Daum 카페는 [그림 1 - 1]에서 나타나듯이 네티즌들의 가장 많은 호응을 얻고 있으며 회원 수와 카페 수도 해마다 증가하고 있다. 1999년 Daum 카페 수는 2,200개, 회원 수는 26,000명이었으나 2003년에는 370만 개의 카페가 운영되었고 활동 회원 수는 2,600만 명이었다. 현재 2006년에는 600만 개의 카페가 운영되고 있으며 5,000만 명의 카페인들이 활동하고 있었다.[12]

Daum 카페는 우선 다양한 카테고리로 구성되어 있다. 게임 / 동문회, 대학 / 대학원, 생활 / 건강, 정치 / 사회, 경제 / 금융, 만화 / 애니메이션, 스포츠 / 레저, 종교 / 취미, 교육 / 외국어, 문학 / 예술, 영화 / 음악 / 여성, 지역 / 고향, 과학 / 인문, 방송 / 연애, 중고교 / 친목 / 펜 카페, 컴퓨터 / 인터넷 등 다양한 테마에 맞추어 현재 2006년 약 600만 개의 카페가 운영되고 있었다.

Daum 카페에서는 '실시간 급등정보 카페'를 통해 카페 글의 검색결과나 방문자 수가 높은 카페를 실시간으로 보여줌으로써 사용자들이 주로 활동하고 있는 카페에 대한 정보를 제공하고 있을 뿐

12) 출처: http://cafe.daum.net, 문화일보 2003. 12. 2.

만 아니라, 카페 랭킹을 통해 카페 선택의 새로운 기준을 제시하고 있다. 카페랭킹은 카페의 다양한 활동을 측정하는 스코어들을 합산하여, 이를 랭킹으로 구분하는 카페 활동의 지표역할을 하고 있으며, 카페 랭킹 중 훈장 랭킹은 반짝이는 훈장과 보석 아이콘으로 구분하여 최상위 훈장 랭킹에 속하는 100개의 카페만을 따로 분류하고 있다. 또한 '카페 스토어'에서는 영역별로 베스트 카페스토어를 소개하고 있으며, '카페피디아'에서는 600만 개의 카페 중 5천 만 카페인이 추천하는 카페를 소개하고 운영함으로써 질문을 통해 찾고 싶은 카페에 대해 좋은 카페를 추천받을 수 있었다.

본 저서는 다음 카페 중 도구적 사회자본을 측정하기 위해 정보획득의 사례로 취업과 토익시험을 위한 'OO OOOO OO'카페(앞으로는 OO카페로 표기함)를[13] 선택하였다. 이 카페는 개설된 이후 대학생들에게 최신의 토익정보와 취업 관련 정보를 제공한다는 도구적 역할을 수행하고 있다.

> "주요 포털사이트마다 토익관련 커뮤니티는 셀 수도 없을 만큼 많지만 커뮤니티가 보유한 노하우와 콘텐츠를 가지고 따진다면 단연 다음카페의 OO카페(저자)"가 으뜸이다…… 많은 취업준비생이 몰리다보니 취업공고까지 안내하는 취업포털의 역할도 해내고 있다. 또 취업난으로 토익에 대한 대학생들의 간절함이 유별난 때문인지 한번 정기모임을 가지면 900여 명에 이르는 회원들이 몰릴 만큼 회원 충성도도 높은 편이다…… 토익시험이 끝남과 동시에 시시각각 회원들의 후기가 올라오고 '머리 좋은' 회원들은 출제됐던 문제들을 복기해 내는 등 토익과 관련한 원스톱 시스템을 경험할 수 있다."[14]

---

13) 본 저서에서는 정보제공자의 정보보호를 위해 카페이름과 카페주소를 밝히지 않을 것이며, 앞으로 본 저서에서는 'OO카페'로 표기할 것이다.

14) 세계일보 2004.6.4.

이렇듯 토익준비 및 취업과 관련된 정보획득이 이루어지고 있는 이 카페 회원 중 67.1%가 대학생들이다([그림 1 - 3]).[15]

[그림 1 - 3] 온라인 설문 직업분포도

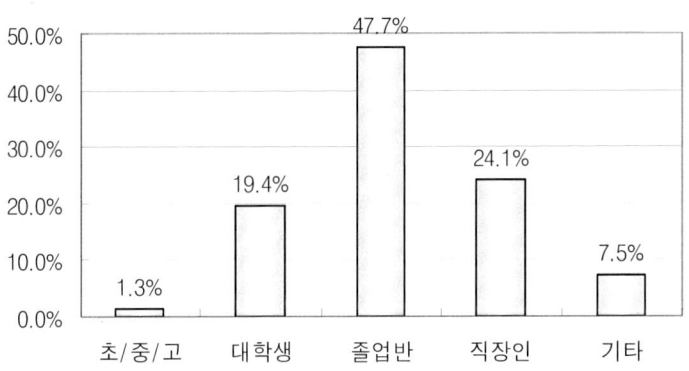

OO카페는 전체 카페 TOP 100 순위에 들어 있으며, 영어부문에서 가장 높은 랭킹 스코어를 보이고 있는 우수카페이다([그림 1 - 4]). 이 카페는 2001년 1월 1일 개설되어 현재 회원이 542,258명이다.[16]

카페에 가입하기 위해서는 우선 Daum에 가입하는 절차를 거쳐야 한다. OO카페는 공개로 운영되고 있지만 다양한 정보를 교환하고 공유하기 위해서는 다시 카페에 회원으로 가입해야 한다. 가입절차는 간편하지만 특히 자신의 토익 최고 점수를 기입해야만 회원가입 절차를 통과할 수 있다.

---

15) 이 조사표는 2002년에 실시한 인터넷 조사 결과로서 'OO카페'의 카페지기가 본 논문의 연구자에게 제공한 것이다.
16) 들어간 날: 2006년 6월 8일.

[그림 1-4] OO카페 랭킹순위

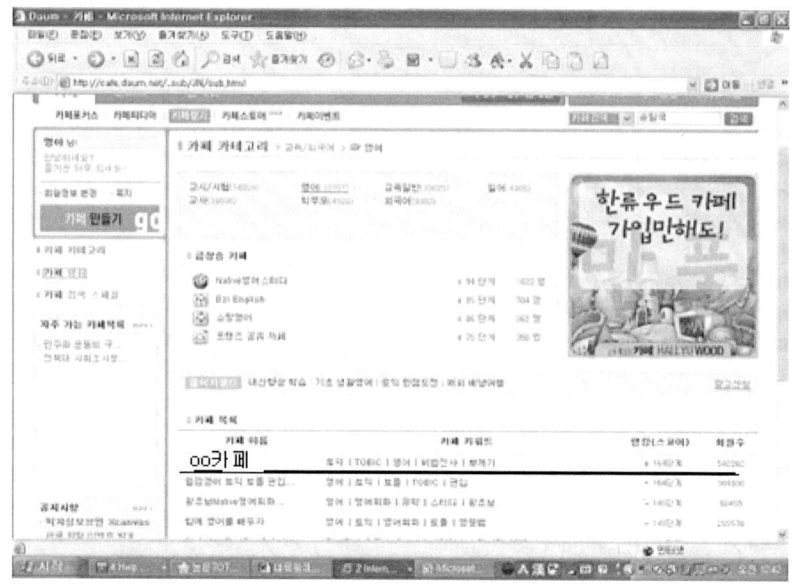

　　OO카페는 토익과 관련된 정보 교환과 공유의 목적하에 다음과 같이 구성되어 있었다. 메뉴에는 EVENT HAll(토익관련 강의에 대한 정보 및 문제풀이 제공), ORIENTATION(매일 출석 인사 나누기, 신입회원을 위한 주의사항 및 기초적 정보제공, 고민이나 조언 및 도움에 대한 요청, 토익시험 일정 및 기타 면접 관련 정보 제공, 교재 사고팔기, 토익과 관련된 반복되는 질문 모음방 등), 비법전사(토익시험 후기, 동영상 특강 및 해설), 실전대비(실전대비를 위한 강의, 대박자료 문제와 해설 제공), 학습정보(900점을 위한 교재 및 방법과 비법 제공의 장소, 필독비법을 통한 공부법 제공, 지역별·학교별·점수별로 스터디하기), 취업정보(취업정보 공유방, 알바정보 공유방, 기업면접 정보방, 이력서 완전 정복을 위한 자료

제공), 커뮤니티(취업을 준비하는 회원들이 서로 격려하기 - 어려운 일이나, 신나는 일을 함께 하는 장소 / 공유를 통해 함께하기 위한 장소, 직딩을 위해서는 직장인들에게 필요한 정보 및 애환을 공유하는 장소), 자료실(토익시험 마무리를 위한 자료 제공, 예쁜 회원 사진방을 통해 회원들의 모습 담기), 질문답변(진로상담, 입시정보, 해외연수, 토익교재 공동구매 등)으로 구성되어 있었다.

회원들 간의 정보 교환과 공유는 글을 올리고 이에 대해 운영자나 회원들이 댓글이나 꼬리말을 달아줌으로써 실행되고 있었다. 회원들 간의 댓글의 내용은 질문에 대한 응답의 형식이기도 하고, 댓글을 올린 회원들끼리의 의사교환으로 진행되면서 정보를 공유하거나 의사를 교환하기도 한다. 또한 닉네임을 클릭하여 편리하게 쪽지 보내기, 메일 보내기, SMS 보내기를 통해 간편하게 서로의 의사를 주고받을 수도 있었다.

운영진 회의실과 운영자 방은 카페지기나 운영자가 등급별로 사용권한을 설정하고 있었으며, 소모임은 또 다시 가입을 해야 활동이 가능했다. 소모임으로 첫째, 부산에 살면서 토익공부를 원하는 사람들의 모임으로 회원 6,991명으로 스터디를 위한 모임과 서로의 안부를 챙기고 있었다. 둘째, 하루에 영어 한 문장씩 남기기와 영어 펜팔을 추진하고 외국기업 취업을 준비하기 위한 영문이력이나 소개서에 대한 자료를 공유하고 있었다(회원: 16,256명). 마지막으로 영어 테이프를 사랑하는 사람들의 모임에서는 영어 테이프 듣기를 위한 모임을 운영하면서 테이프 듣기의 노하우들을 공개하고 있었다(회원: 17,828명).

특히 회원들은 상업적인 목적을 띠거나 카페 분위기를 망치는 행위 즉 아르바이트(알바)의 성격을 띤 교재소개나 또는 비방적인 글 올리기에 대해서는 강한 부정적인 반응을 보이고 있었으며, 운영자에게 문제를 처리해 줄 것을 요구하기도 했다. 반면, 도움을 요하는 회원에 대해 서로의 노하우를 공개하고 있었는데, 특히 성공수기에 대해서는 수많은 댓글을 남기면서 용기를 얻고 도움을 받고 있었다.

이론에 의하면 OO카페는 낯선 사람으로부터 사회자본을 가져올 수 있는 공간이다. 특히 새로운 노력 즉 올린 글에 대한 긍정적이고 적극적인 댓글 달기는 도움을 주고받는 행위를 지속하게 한다. 특히 사진 올리기나 소모임을 통해서 반복되는 아이디는 각자의 정체성을 확인하게 해 주는 계기가 되고 있으며, 결국 참여자들 간의 사회적 네트워크를 확장할 가능성이 존재함을 알 수 있었다.

제2장 이론적 배경 및 분석틀

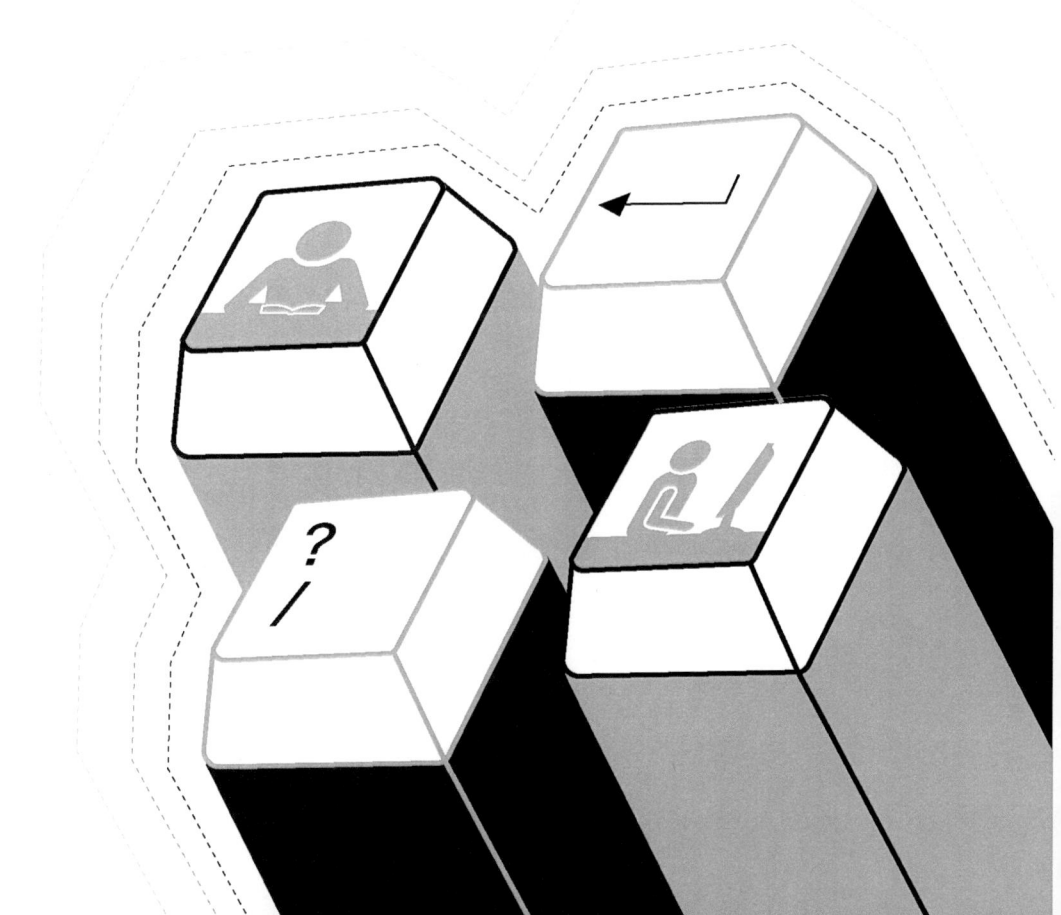

1. 사회자본으로의 접근 가능성

사회자본을 연구하는 대부분의 학자들은 사회자본이 사회적 관계와 구조 속에서 구현되는 자원이라는 지적에 대체로 동의하고 있다(Bourdieu, 1986: Coleman, 1988, 1990: Lin, 1999a, 1999b, 2001: Portes, 1998: Granovetter, 1973, 1983: Burt, 1995, 2001: Flap, 1991, 1994). 왜냐하면 사회자본은 다른 사람과의 관계 내에 존재하는 신뢰, 믿음, 협력, 연대, 정보획득, 네트워크 등과 같은 것에 의해서 획득되거나 혹은 그 자체가 자본이기 때문이다.

결국 사회자본은 개인에게 있는 것이 아니라 그 개인이 참여하고 있는 사회적 관계를 통해서 획득될 수 있는 자원이다. 따라서 본 저서에서 정의하고 있는 사회자본이란 온라인네트워크에서 행위자들 간의 상호작용의 관계 속에서 주고받는 정신적·물질적 혜택이나 보상으로서의 자원이다.

사회자본의 전제조건으로서 네트워크의 성격이 중요하게 다루어지고 있기 때문에 네트워크나 관계에서 나타나는 폐쇄적 네트워크 (강한 연대)와 개방적 네트워크(약한 연대)는 사회자본을 둘러싼 중요한 논쟁 중 하나이다. 이것은 네트워크의 폐쇄성(강한 연대) 또는 개방성(약한 연대)이 사회자본의 형성과 확대 및 축적에 긍정적이냐 부정적이냐의 문제와 관련된다. 네트워크의 성격은 본 저서에서도 사회자본의 형성과 활용의 과정에서 중요한 영향을 미치고 있는 요인 중 하나이다.

1) 사회적 네트워크의 폐쇄성

네트워크의 폐쇄성이 사회자본의 축적에 중요하다고 주장하는 입장들은(Bourdieu, 1986: Coleman, 1988, 1990: Putnam, 1995, 2000, 2001: Portes and Sensenbrenner, 1993: Portes and Landolt, 1996: Portes, 1998) 폐쇄적 네트워크 속에서 유대감, 신뢰감, 연대감, 소속감 등의 사회자본 형성이 긍정적으로 이루어진다고 보았으며, 또한 이러한 것들이 사회자본의 생성과 축적에 큰 영향을 미친다고 주장한다.

부르디외(Bourdieu, 1986)는 사회자본은 지속적이고 제도화된 관계망 속에서 존재하는 자본이라고 정의하고 있는데 그의 논의에 의하면 이 관계망의 성격이 친근함을 유지하고 지속적일 때 사회자본의 창출과 사용이 가능하게 된다.

콜만(Coleman, 1988)은 한 개인이 특정한 목적을 실현할 수 있는 사회구조 또는 사회관계 속에서 사회자본의 생성을 주장하고 있다. 그는 사회자본의 생성, 유지, 촉진의 조건으로서 사회적 네트워크의 긴밀성을 주장한다. 왜냐하면 행위자들은 특정 목표를 위해 관계를 형성하고 이익을 계속적으로 얻고 있는 한 그 관계를 유지하게 되는데, 특정한 사회적 관계와 연결망은 사회자본의 형성, 유지 및 촉진에 특별히 중요한 역할을 하기 때문이다.

특히 콜만은 신뢰, 유용한 정보 교환(정보획득통로), 규범·규제 등의 생성 및 유지, 촉진은 폐쇄적 연결망에서 더 효과적이라고 보았다. 사회구조의 폐쇄성은 효과적인 규범의 존재뿐 아니라, 다른 형태의 사회자본인 사회구조의 신뢰성의 형성에도 중요한 것이다. 그에 의하면 폐쇄적 네트워크는 외부의 부정적인 효과를 제한하고 긍정적인 효과를 상승시키거나 집단 내 행위자들 간의 관계 형성에 있어서 효과적인 규범을 출현시키는 데 중요한 반면, 개방적 네트워크에서는 행위자들 간의 신뢰가 약화되고 집단의 규범이 해체될 수도 있다고 보았다.[17)]

부르디외와 콜만은 밀도 있고 응집력이 있으며 상호작용적이고 호혜적이며 신뢰할 가치가 있는 네트워크의 효과에 대해 주장했다. 즉 폐쇄된 네트워크는 집단유지와 재생산을 할 수 있는 집합적 자본의 수단으로서 사회자본 형성에 긍정적인 영향을 미치게 된다.

퍼트남(Putnam, 1995, 2000, 2001)에 의하면 사회자본은 신뢰, 규범, 네트워크와 같이 사회의 효율성을 높일 수 있는 사회조직의 특성으로서 공동체에 활발하게 참여하여 사회 성원들 간의 유대를 형성하고 공유된 규범을 준수할 뿐만 아니라 안정적인 사회질서를 형성할 수 있다. 그는 이러한 긴밀한 관계 속에서 신뢰의 확산 즉

---

17) 부모와 자녀 간의 규범, 긴밀한 상호작용, 상호의무감, 유용한 정보교환 등이 긴밀한(폐쇄적) 연결망을 형성하여 사람들 간의 관계에 더 효과적이다. 즉 부모와 자녀, 부모 대 부모, 자녀 대 자녀 간의 유대를 강화시킨다.

사회자본이 증가한다고 보았다.

포르테스(Portes and Landolt, 1996: Portes, 1998: Portes and Sensenbrenner, 1993)는 완성적 동기와 도구적 동기에 의한 사회자본의 형성을 설명하면서 공동체의 형성과 유지에 필요한 것은 반복되는 인지적 관계와 호혜성을 바탕으로 한 강한 유대 즉 폐쇄적인 네트워크라고 주장하고 있다. 그는 언어·문화적으로 차이가 심할수록, 심한 차별을 받을수록, 주류 사회로부터 탈출해서 모국으로 돌아갈 가능성이 적을수록 집단연대감이 강해지며, 이러한 연대감에 근거하여 사회자본을 더 많이 사용한다고 보았다. 즉 일반적인 상황에서 위협받을 확률이 높을수록 집단의 연대감은 강화되고 이것이 더 많은 사회자본을 형성할 뿐만 아니라 사회자본을 활성화시킨다고 보았다.

린(Lin, 1999a, 2001)은 개인에 의한 사회자본의 사용에 초점을 맞추고 있다. 그는 개인의 행위에서 보상을 획득하거나 보존하기 위한 네트워크에 배태된 자원에의 접근과 이용에 대해 설명하고 있다. 그는 사회자본의 유용성을 확보하기 위한 조건으로 네트워크의 폐쇄성과 개방성에 대해 분석했는데, 우선 폐쇄적 관계(강한연줄) 속에서 사회자본에 대한 접근은 표출적 행위의 성공에 더욱 긍정적인 영향을 미친다고 보았다. 이러한 네트워크는 자신이 가지고 있거나 또는 좀 더 나은 사회자본에 접근할 가능성을 높이며 집중, 친밀함, 빈번한 접촉, 인정된 의무, 호혜적 서비스의 지급을 가능하게 한다.

결국, 폐쇄적 네트워크는 집단에 필요한 규범을 출현시킴으로써 특정한 집단에 소속되어 있는 행위자들 간의 신뢰를 형성하는 등 긍정적인 사회자본을 형성할 뿐만 아니라, 내부의 결속 강화를 통해 사회자본의 축적을 가능하게 한다. 즉 폐쇄적 네트워크에서는 신뢰나 연대감, 소속감 등의 사회자본 형성이 가능하며, 이러한 사회자본의 활용을 더욱 강화시킬 수 있는 잠재력을 지니고 있다.

2) 사회적 네트워크의 개방성

연결망의 개방성이 자본축적에 중요하다는 주장으로는 그라노베터(Granovetter, 1973, 1983)와 버트(Burt, 1995, 2001)가 있다.

그라노베터(Granovetter, 1973, 1983)는 사람들이 취업을 하는 과정에서 인간적인 접촉을 통한 방법이 다른 방법에 비해 도움을 많이 준다고 주장한다. 새 직장을 구하는 사람들은 긴밀한 관계를 형성하고 있는 사람들 즉 강한 연대를 맺고 있는 사람들보다는 약한 연대를 맺고 있는 사람들로부터 취업에 필요한 정보를 획득할 수 있다고 주장한다.

약한 연대는 강한 연대보다 친밀함과 네트워크의 결집력은 낮지만, 집단 간의 다리역할을 하며 상호관계를 확산시킴으로써 먼 거리에 있는 정보 및 신문, 지역 뉴스, 친한 친구들에게 의존하여 정보를 얻을 수 있게 된다. 만약 약한 연대가 없다면 사람들을 정치적 행동으로 조직하거나 통합하기 어려울 것이다. 그리고 행위자 충원이 집단 내에서 친밀한 사람들로만 이루어지게 되므로 사회전체로 확산되지 못할 것이다. 따라서 폐쇄적 네트워크로 묶여 있는 소수의 집단보다는 다수의 개방성을 지닌 집단이 사회자본 형성에 더 유리하다는 것이다.

결국, 약한 연줄은 집단을 넘어서 외부와의 관계형성에 도움을 주며, 의견 수렴과 정보 수집 및 획득에 많은 기회를 제공하기 때문에 공유하는 정보의 내용이 중복되지 않아 새로운 직장을 찾는 데 큰 도움이 된다. 집단의 개방성을 통해 외부와의 교류를 유지시키고 집단의 정체성을 지속할 수 있다면 집단의 사회자본 축적은 높아지게 된다.

버트(Burt, 2001)에 의하면, 행위자는 상호교환의 구조 속에서 어떠한 위치에 속해 있게 되면, 일정한 이익을 얻게 됨으로써 사회자본을 창출하고 축적할 수 있게 된다. 여기서 그는 구조적 위치와 함께 구조적 구멍(structural hole)을 강조하고 있다. 구조적 구멍이란 연결망에서 실제로는 연결되지 못한 상태이지만 연결이 가능한 위치를 의미한다. 구조적 구멍에 위치해 있는 행위자가 다른 위치나 집단의 행위자와 연결되어 있다면 그는 정보와 통제의 이익을 획득할 수 있게 된다. 그리고 그 연결의 양이 많을수록 행위자가 유리한 위치를 차지할 수 있게 됨으로 보다 긍정적인 사회자본을 획득하게 된다.

린(Lin, 1999a, 2001)은 사회자본의 유용성을 확보하기 위한 조건으로 네트워크의 개방성에 대해서도 분석했다. 그는 개방적 관계(약한 연줄)에 의한 사회자본의 획득 가능성을 주장하고 있는데, 특히 도구적 행위-정보 확장 등-를 위해 더 나은 사회자본에 접근할 수 있는 가능성을 높여준다고 보고 있다.

개방적 네트워크와 사회자본과의 관계에 대한 논의는 다양한 정보의 교류와 자원에 대한 접근 가능성이 높다는 측면에 초점을 맞추고 있다. 행위자들은 개방적인 네트워크를 통해 낯선 사람들과의 관계를 확장함으로써 행위자가 소유하지 못한 자원에 접근하는 것이 유용하게 된다. 따라서 행위자들은 보다 많은 정보와 지식이라는 도구적 사회자본을 창출하고 사용할 수 있게 된다.

3) 사회자본의 전제

지금까지의 사회자본에 대한 기존의 논의에 의하면 네트워크의 폐쇄성과 개방성은 사회자본의 형성과 활용에 있어서 중요한 역할을 하고 있다. 현재 소유하고 있지 않은 자원을 획득하기 위한 도구적 행위를 위해서는 확장된 다리(약한 연대)에 접근하는 것이 더 유용하며, 자원의 보존과 유지를 위한 표출적 행위를 위해서는 긴밀한 네트워크(강한 연대)가 더 유용함을 알 수 있었다.

폐쇄적 네트워크는 신뢰를 강화하고 집단의 결속 및 연대를 강화시킴으로써 관계 강화라는 사회자본 획득에 유리하게 작용하게 된다. 그리고 개방적 네트워크는 집단을 유지하면서 외부와의 관계를 확대하여 보다 많은 정보와 자원 획득이라는 사회자본 확대에 강력하게 작용하게 된다. 그렇다면 사이버 공간에서 사회자본의 형성과 활용은 네트워크의 성격과 어떠한 관련을 갖게 되는가?

사이버 공간에서 네트워크에 대한 평가는 폐쇄적 네트워크(강한 연대)와 개방적 네트워크(약한 연대)가 혼재되어 있는 것으로 나타나고 있다. 대체로 폐쇄적 네트워크는 오프라인과 상호연결이 되어 있거나 실명제를 사용하는 회원제, 까다로운 회원절차 등을 요구하며(이원태, 2004: 송경재, 2002), 개방적 네트워크는 관심사나 정보에 대한 공유, 익명 사용의 회원제나 비회원제에 의한 운영 등이 이루어지고 있다(이원태, 2004: 김종길, 2002a, 2002b: 윤영민, 2000). 폐쇄적 네트워크는 공동체적인 성격을 내포하고 있으며, 개방적 네트워크는 의견교환을 통해 나름대로의 정체성을 확립해 가는 것으로 분석하고 있다.

대부분의 연구들에 의하면 사이버 공간에서 개방적 네트워크와 폐쇄적 네트워크는 혼재되어 있는 것으로 나타나고 있는데, 시간이 흐를수록 개방적 네트워크의 성격에서 폐쇄적 네트워크의 성격으로 전환되고 있음을 주장하고 있다.

행위자들이 사이버 공간에서 인간적인 감정을 나누고 개인적 관계망을 형성할 수 있을 만큼의 상호교류가 이루어진다면 사회적 영향력이 나타나게 될 것이다(Rheingold, 2000). 그리고 시간이 흐르면서 온라인 조직 내에서 강한 결속을 이루게 된다면, 참여가능성도 높아지고 다른 사람들의 문제를 도와줄 가능성 또한 높아지게 된다(Constant et al, 1996). 이처럼 사이버 공간에서 사람들 간에 도움을 주는 것이 가능한 이유는, 설사 사이버 공간에서 자신이 도와준 사람이 나중에 자신을 도와줄 위치에 있을 가능성이 거의 없을지라도 다른 사람이 자신을 도와줄 것이라고 믿기 때문이다(Rheingold, 1993: 60). 또한 대학생들의 경우, 시간이 흐를수록 전혀 만난 적이 없는 회원들을 가장 절친한 친구로 생각하기도 하며 더 인격적으로 친밀해지기도 한다(Hiltz and Turoff, 1993, Walther, 1995). 이명식(2001)의 경우, 사이버 공간에서 제도적 통제가 강화되면 대학생들 사이에서 신뢰가 형성될 가능성이 존재함을 보여주고 있다.

샌더(Sander, 2005)는 미국의 Meetup.com에서 개인의 관심사에 따라 형성된 40여 개의 커뮤니티를 대상으로 신뢰와 규범, 사회적 네트워크의 형성과정을 조사하였다. 그는 이러한 분석을 통해 인터넷상에서 새로운 사회자본의 형태를 규정했다. 그에 의하면 인터넷은 인간관계를 더욱 넓혀주는 약한 연대를 형성하게 되는데, 바로 이러한 네트워크는 기존의 사회적 네트워크를 뛰어넘는 새로운 사회적 관계를 형성하게 한다. 그리고 인터넷의 약한 네트워크는 점차 강한 네트워크로 발전하게 된다. 왜냐하면 약한 네트워크에서 형성된 사회자본은 점차로 행위자들의 사회적 관계를 강화시킬 것이기 때문이다.[18)

크라우트 외(Kraut et al, 1988, 2002)의 초기 연구(1988)에 의하면, 사이버 공간은 개방된 네트워크로 구성되어 있다. 그리고 개방된 네트워크에서 형성된 질 낮은 관계(약한 연대)는 오프라인상에서의 강한연대를 대체함으로써 전반적으로 사회자본을 감소시킨다고 주장했다. 그러나 2002년도의 연구에서는 다른 결과를 보여주고 있다. 장기적인 차원에서 볼 때, 행위자들은 사이버 공간에서 신뢰를 형성하게 되며, 결국 강한 네트워크가 확산된다는 것이다.

사이버 공간에서 행위자들의 지속적인 활동이 유지된다면, 개인 중심의 관계에서 사람들과의 상호관계 중심의 관계로 발전할 수 있음을 알 수 있다. 즉 단순한 상호작용이 이루어지는 개방된 네트워크(약한 연대)에서 보다 강화된 상호작용이 이루어지는 폐쇄적 네트워크(강한 연대)로의 발전 가능성이 존재함을 알 수 있다.

---

18) 만약 네트워크가 접근 가능한 연대(tie)로 구성되어 있다면 개인들의 특정한 연대는 자원을 제공하게 될 것이며, 이때 네트워크의 특성이 개인과 집단 간의 관계를 결집시키게 될 것이다(Kadushin, 2004: 85).

온라인네트워크는 수많은 낯선 사람들이 누구나 자유롭게 접근
하는 것이 가능하다. 그리고 행위자들이 다양한 정보를 교환하며
만남을 넓혀 가는 개방적 네트워크의 속성을 지니고 있다. 이러한
속성을 가지고 있는 온라인네트워크가 현재 대부분 회원제와 실명
제를 통한 가입자만이 참여할 수 있는 형태를 취해 가고 있으며
심지어 가입과 탈퇴를 규제하는 경우도 나타나고 있다.[19]

이러한 과정을 통해 사회자본의 형성과 활용 과정을 거치면서
행위자들 간에 신뢰가 쌓이고 결속력이 강화되며 호혜적 서비스
등의 혜택들이 축적되어 가는 가능성들이 나타나고 있다. 현재 비
회원제인 경우는 단순한 정보보기에 그치는 경우가 대부분이다. 또
한 개인정보유출이나 저작권법에 의해 가입규제는 더 강화되고 있
는 실정이며, 사이버 공간의 위험에 대한 대안으로 사람들은 실명
제 도입을 희망하기도 한다([그림 2 - 1]).

[그림 2-1] 실명제 도입에 대한 여론조사

인터넷 실명제 도입에 대한 여론조사 결과

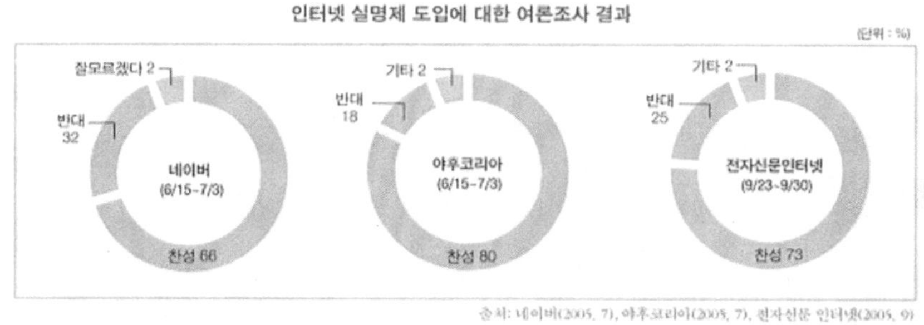

출처: http://isis.nida.or.kr (2005 한국인터넷 통계집)

---

19) 회원가입 시 가입대상에 대한 조건을 제시하거나 탈퇴 후 재가입까지 일정기간의 가입제한
규제기간을 두기도 한다.

개방적 네트워크(약한 연대)를 통한 능동적이고 자발적인 접근에서 시작하여 시간과 관계성의 강화과정을 거치게 되면, 폐쇄적 네트워크(강한 연대)에 기반을 둔 연대, 협력, 상호관계 강화, 호혜적 정보교환 및 공유 등의 긍정적인 사회자본이 획득될 가능성이 사이버 공간에서 나타나고 있다.

그렇다면 무엇이 모르는 사람들 간에 신뢰와 협동, 관계강화, 정보교환을 가능하게 만드는가. 이때 사람들 간의 관계에 있어서 중요한 것은 무엇인가. 온라인네트워크가 시간이 흐를수록 폐쇄적 네트워크(강한 연대)의 모습을 보일 경우, 무엇이 사람들 간의 관계를 확장하고 상호작용을 증가시키는 데 기여하게 되는가. 제도적 통제에 의한 신뢰형성이 중요한가(이명식, 2001). 아니면 사람들 간의 감정적 교류가 중요한가(Rheingold, 2000: Constant et al, 1996, Hiltz and Turoff, 1993: Kraut et al, 2002: Sander, 2005).

콜만(Coleman, 1988, 1990)에 의하면, 사회자본은 사회구조의 양상에 따라 구성되며 이것은 개인들의 행위를 조장하여 다른 사람에게는 쓸모없는 것도 가치 있게 만든다고 주장한다. 따라서 사회자본은 사람들 간의 관계 속에 부여된 것이며, 이때 사람들 간의 관계에 있어서 중요한 것은 규범의 존재임을 강조한다. 규범의 존재가 그 규범을 따르는 사람들 사이에 여러 가지 역할과 그에 따른 역할 간의 관계를 발전시키기 때문에 이러한 역할과 역할의 관계에 기초한 네트워크의 존재는 사회자본을 생성하는 데 있어서 매우 구체적이고 직접적인 조건이 된다는 것이다.[20]

---

20) 규범은 혁신을 감소시키며, 다른 사람을 해롭게 하거나 또는 이익을 줄 수 있는 사회적 습관에서 벗어난 행위를 억제할 수 있다(Merten, 1968).

규범에 기초한 관계를 주장하는 학자들은 규범에 기초한 신뢰를 사회자본의 지표로 간주한다. 즉 규범에 기초한 관계는 다른 사람들을 신뢰하게 하며 자원을 교환하고 사람들을 결집시킴으로써 사회자본의 생성을 용이하게 한다는 것이다(Putnam, 2000: Kadushin, 2004). 그러나 린(Lin, 2001: 149)은 사회자본의 구성요소와 지표로서 규범을 거부했다. 대신에 그는 사람들과의 관계 속에서 이루어지는 대안적인 선택이나 가능한 이득을 주는 관계를 선호했다.

네트워크에 배태된 자원들은 사회자본의 근원이며, 행위자들 간의 긴밀한 네트워크는 사회자본의 속성이다. 따라서 이런 자원의 형태는 상호작용의 형태와 연결된다. 상호작용과 네트워크의 관계를 강조하는 논의들은 상호작용과 네트워크의 연결고리로써 행위자들 간의 정서적·감정적 교환을 중시하고 있다. 개인들은 이처럼 정서적 감정을 나눌수록 더욱더 집합적 활동에 관여하게 되며, 감정의 공유에 기초한 상호작용은 행위자들이 유사성을 많이 지닐수록 발생하는 경향이 높다(Homans, 1950: Lazarsfeld and Merton, 1954: Laumann, 1966, Lin, 2001).

이와 같은 논의에 근거해서 본 저서는 온라인네트워크의 성격을 아래와 같이 구분하고자 한다. 행위자가 사이버 공간에서 실명제에 근거한 회원가입과 정보의 공개와 비공개 등에 기초하여 규범, 규칙, 제재에 따른 역할을 중시하는지, 아니면 회원들 간의 정서적 관계를 중시하는지에 따라 규칙 중시 네트워크와 정서 중시 네트워크로 구분하고자 한다.

[그림 2-2] 온라인네트워크 속성

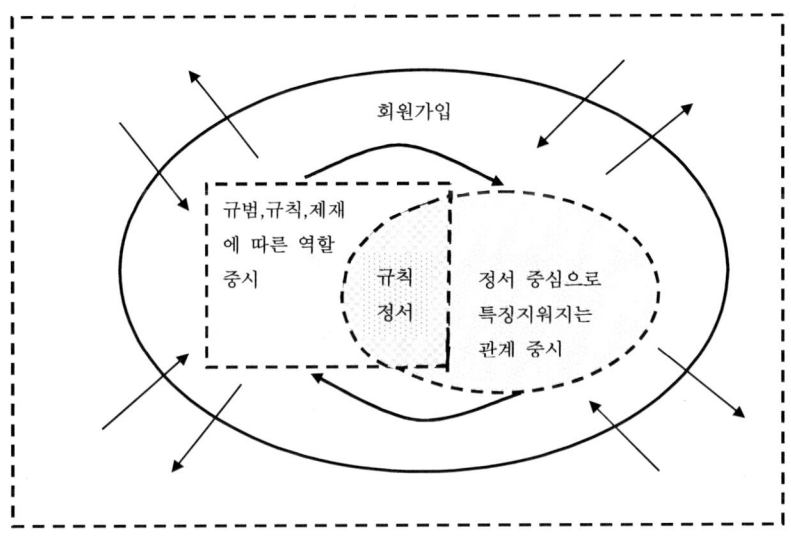

2. 의도적 행위와 사회자본의 활용

사회자본은 사회적 관계 또는 네트워크에 배태된 자원이기 때문에 행위자들은 네트워크 내에서 활동하면서 자원에 접근하기도 하고 자원을 이용하기도 한다. 따라서 사회자본은 상호관계 속에서 개인의 의도적 행위(노력 또는 투자)에 의해 영향을 받게 된다(Lin, 2001).

1) 자원에 대한 접근 동기와 사회자본

행위자의 활동은 사회적 행위에서 그들의 자원을 유지하거나 획득하기 위한 동기 부여에 의해서 이루어지게 된다. 행위자들의 사회자본에 대한 접근 동기는 표출적 동기와 도구적 동기로 구분되고 있다(Lin, 1999a, 2001: Ostrom, 2000).

표출적 동기에 의한 행위는 행위자들이 가지고 있는 자원을 유지하기 위한 의도를 동기로 한 행위이며, 도구적 동기에 의한 행위는 추가적으로 자원을 획득하기 위한 의도를 동기로 한 행위이다. 여기서 자원을 유지하려는 것은 행위에 대한 원초적인 동기부여이기 때문에 표출적 행위는 행위의 원초적 형태이다. 표출적 동기는 현존하는 자원을 보호하고 보전하려는 의도이기 때문에 배태된 자원에 따른 이익을 공유하며 비슷한 자원을 가지고 있는 다른 사람들에게 접근하는 것과 관련되어 있다(Coleman, 1988: Lin, 2001). 그리고 도구적 동기는 사회자본으로 인해 새롭게 얻게 되는 혜택을 고려한 것이다(Ostrom, 2000: Granovetter, 1973, 1983: Burt, 1995, 2001: Lin, 1999a, 2001).

표출적 동기에 의한 행위는 자신이 소유하고 있는 자원을 유지하기 위해 수행되는 것으로 파트너와의 상호관계가 유사할 때는 적은 노력으로도 많은 보상을 얻을 수 있지만, 파트너와의 상호관계가 이질적일 때는 많은 노력에도 적은 보상을 얻게 된다. 반면 도구적 동기에 위한 행위는 자신이 소유하고 있지 않은 자원을 획득하기 위한 수행으로써 수행파트너와의 상호관계가 유사할 때는 적은 노력으로 적은 보상만을 얻게 되고, 파트너와의 상호관계가 이질적일 때는 많은 노력에 많은 보상을 얻게 된다. 이러한 행위의 성공은 사회자본과 긍정적으로 관련된다.

표출적 동기에 위한 행위는 표출적 보상(expressive returns 더 좋은 정신적 건강, 정서적 균형 등)을, 그리고 도구적 동기에 의한 행위는 도구적 보상(instrumental returns 좋은 직장, 높은 임금과 보너스, 빠른 승진, 정보획득 등)이라는 사회자본 창출의 가능성을 강화한다(Lin, 1999a, 2000, 2001). 따라서 표출적 보상은 결국 개인의 웰빙을 좋아지게 할 것이며, 도구적 보상은 개인의 목적적인 행동의 결과를 좋게 할 것이다.

2) 자원의 이용 및 투자와 사회자본

사회자본 학자들 대부분은 투자에 대해 다루고 있다. 투자란 행위자들이 나중에 자신들에게 자원으로 쓰기 위해서 네트워크화한 자원을 유지하고 강화하기 위한 행위자의 노동이다(Kadushin, 2004: 86).

사회자본은 시간이 경과하면 감소되는 자본의 형태로서 계속 갱신되지 않으면 감소하게 된다. 왜냐하면 사회적 관계는 유지되지 않으면 소멸되기 때문이다. 기대와 책임도 시간이 가면 약해지고, 규칙적인 소통에 의존하는 규범도 약해지게 된다(Coleman, 1990). 또한 사회자본은 항상 공공선의 기능만 하는 것이 아니라 공공악의 기능도 하고 있다(Portes, 1993, 1996, 1998). 특히 개인이 어떤 자원을 획득하고 무엇을 요구하느냐에 따라 달라질 수 있다. 결국 사회자본은 네트워크화한 자원이기 때문에 긍정적인 자원을 극대화하고 유지하기 위해서 행위자들의 노력과 투자라는 의도적인 행위는 필요하다.

개개 행위자들은 그들이 소유하고 있거나 접근할 수 있는 가치 있는 자원을 유지하기 위해 애쓰게 되는데, 특히 현존하며 가치 있는 자원이 안전했을 때 행위자들은 부가된 가치 있는 자원을 획득하기 위해 노력하게 된다. 결국 이러한 개인적인 노력에 따라 사회자본의 성공여부는 다양해질 수 있다(Lin, 1999a, 2001).

3. 사이버 공간에서의 사회자본에 대한 논쟁

1) 사이버 공간에서의 사회자본의 창출 및 증가

사회자본에 관한 대부분의 연구들은 사이버 공간에서 사회자본의 형성이 가능할 뿐만 아니라 증가되고 있다는 측면에 초점을 맞추고 있다. 이러한 논의들은 인터넷의 특성과 연관되어 논의된 것으로서, 온라인네트워크는 자본동원의 강력한 수단이고 사회적 관계의 강화로 연결될 수 있다.

행위자들은 사이버 공간에서 의사소통 범위의 확장이라는 지리적 한계를 벗어나 가족, 친구, 이웃과 잦은 접촉의 기회를 갖게 되고 긴밀한 의사소통을 형성하게 된다. 또한 한번도 직접 만나본 적 없는 사람들과 지속적으로 정보와 지식을 나눠 갖게 되며, 상호관계와 신뢰를 강화하여 결국 사회적 관계를 강화시키게 된다.

그리고 이것은 곧 사이버 공간에서 사회자본 - 신뢰, 규범, 수평적 네트워크, 호혜성, 공동체 참여 등 - 형성이 가능하다는 점에 초점을 맞추고 있다(Barlow et al, 1995: Lin, 1999, 2001: Rheingold, 2002: Wellman, 1996, 1999, 2001a, 2001b: Wellman and Gulia, 1999: Wellman and Hampton, 1999, 2000: Hiltz and Turoff, 1993: Baym, 1997: Jones, 1998: Sproull and Kiesler, 1991: Quan - Haase and Wellman, 2004: Horrigan, 2002: Howard, Rainie, and Jones, 2002: Kraut et al, 2002: 박찬웅 2000b: 배영, 2002, 2003a, 2003b: 이명식, 2001: 송경재, 2002, 2005: 장용호, 2002).

이들의 논의에 의하면 사이버 공간에서 사회자본의 증가는 인터넷의 낮은 비용과 비동시성의 기술적인 특징에 의해 이루어지게 된다. 사회적 네트워크의 느슨한 결합을 통해 협력과 호혜성을 증진시켜서 신뢰구축의 사회자본을 축적하게 된다. 또한 사이버 공간의 사회자본 발전이 대면적인 만남을 통해 더욱 강화되고 확장되어서 오프라인의 집단행동에 도움을 준다고 보고 있다.

특히 인터넷은 관심을 공유하고 있는 사람들을 연결시켜주는 선택적인 수단을 사람들에게 제시해 주고 있는데(Horrigan 2002), 이것은 새로운 커뮤니케이션 양상의 출현뿐만 아니라, 새로운 사회관계의 형성에 도움을 줄 것으로 기대하고 있다. 그리고 이렇게 형성된 사회적 관계는 온라인과 오프라인의 상호작용 속에서 지속되는 것으로 보고 있다(Rheingold 2000).

이러한 논의들은 장기적으로 볼 때 사이버 공간에서 사회자본의 형성과 축적의 가능성을 보여주고 있다는 점에서 본 저서에 시사하는 바가 크다. 그러나 대부분의 논의는 인터넷의 기술적인 특징을 통해 사이버 공간에서 사회자본이 성공적으로 형성되고 증대될 것이라는 것에 초점을 맞춤으로써 개개 행위자의 다양한 목적과 의지를 간과하고 있다.

국내 연구에 의하면, 먼저 사이버 공간에서 사회자본 형성 가능성에 대한 분석에서 박찬웅(2000)은 사이버 공간의 연결망을 개방적인 성격으로 규정하면서 사회자본 형성의 가능성을 논의하고 있다. 사이버 공간 속에서 미약하나마 사회자본의 형성이 가능하며 사람들 간의 관계가 강화될수록, 특히 제도가 잘 마련되어 있을수록 효율적인 사회자본의 형성도 가능하다고 보고 있다. 또한 상호 신뢰를 통해 가족적인 분위기의 네트워크 관계 구축이 사이버 상에서 가능하며, 사이버 공간에서 공동체 활성화를 위해서는 제도를 통한 기회주의의 통제와 신뢰 구축이 필요하고 이것이 사이버 공간에서 사회자본 형성에 필수적이라고 보고 있다(이명식, 2001).

장용호(2002)는 한국사회 사이버 공동체의 특성을 파악하기 위해 사이버 공동체를 강한 유대 공동체와 약한 유대 공동체로 나누었는데, 결과에 의하면 서구의 사이버 공동체는 개방적인 성격을 보인다면 한국의 사이버 공동체는 규모가 작고 폐쇄적이며 강한 유대의 공동체 성격을 보이고 있다.

위의 논의들은 사이버 공간에서도 사회자본의 형성이 가능하다는 근거를 제시해 주고 있다. 그러나 제도를 활용한 인간통제가 사회자본을 효율적으로 형성하는 것으로 규정하고 있기 때문에 개개 구성원들의 의도적인 행위와 다양한 네트워크 구조와의 복잡한 관계형성에 대한 체계적인 분석을 보여주고 있지 못하다.

다음으로 개인의 행위양태에 기반을 두어 사이버공동체의 형성과 사회자본 형성에 대한 분석에 의하면(배영, 2003a, 2003b), 개인과 사이버 커뮤니티 간의 관계 속에서 어떻게 사회자본이 활용되고 있는지를 보여주고 있다. 이 연구는 사이버 커뮤니티에서 운영하는 게시판에 대한 분석을 통해 사용자들의 행위양태가 커뮤니티의 활성화에 어떠한 영향을 미치고 있는지를 분석하고 있다. 결과적으로 사용자들의 행위양태가 적극적인 활동양상을 보이고 복수의 커뮤니티 활동을 할수록 사이버 커뮤니티의 내부적 관계가 강화되고 활성화 되었다. 또한 사이버 커뮤니티에 대한 분석을 통해 사이버 상에서의 관계가 개인과 집단의 삶을 풍요롭게 하는 사회자본의 역할을 할 수 있음을 보여주고 있다.

그리고 사이버 공간에서 관계 형성이 약한 연대든 강한 연대든 간에 자원의 전유와 유무형의 이익을 기대할 수 있는 개인 간, 그리고 개인과 집단 간의 관계망을 형성한다면 사회자본으로 간주될 수 있다. 그리고 커뮤니티의 운영을 지도한 시삽의 역할, 오프라인 만남 여부, 제도적 차이 등에 의해 정서적, 도구적 혜택을 모두 얻는 관계망은 완성적 사회자본으로, 정보제공과 공유와 같은 도구적 혜택만이 이루어지는 관계망은 도구적 사회자본으로 유형화하고 있다.

2) 사이버 공간에서의 사회자본의 감소

모든 인터넷 활동이 사회적인 것은 아니라는 논의들에 의하면 인터넷은 현실세계에서 사람들의 만남과 접촉을 감소시키기 때문에 사회자본을 감소시키게 된다(Putnam 2000: Kraut et al 1998:

LaRose, Eastin, and Gregg 2001: Davis, Elin and Reeher, 2002: Nie 2001: Nie, Hillygus and Erbring 2002: 서진완·박희봉, 2003: 이원태, 2004: 송경재, 2004).

이들의 논의에 의하면, 인터넷은 오락이나 정보능력 때문에 행위자들이 가족, 친구에게서 멀어지게 하고 지역과 지역의 정치에 대한 관심을 감소시키며(Nie 2001: Nie, Hillygus and Erbring 2002), 신출내기(처음 온 사람, 풋내기)일수록 인터넷을 더 자주 사용하게 됨으로써 오프라인에서 사회적 접촉은 감소하게 된다(Kraut et al 1998). 결국 인터넷은 다소 약한 온라인 연대(tie)의 증가와 다소 강한 오프라인 연대의 감소와 관련이 있는 것이다(LaRose, Eastin, and Gregg 2001: Kraut et al 1988).

이들은 사이버 공간에서의 활동이 많을수록 약한 연대는 증가하지만, 현실세계의 강한 연대는 감소한다고 보고 있다. 따라서 지역적 상호작용이나 가족과의 연대에 불리하게 작용하게 된다. 즉 행위자들이 사이버 공간에서 관계를 유지하기 위해 많은 시간을 소비할수록 현실세계의 가까운 친구나 가족들 간에 상호작용을 할 시간이나 지역이나 정치에 대해 관심을 가질 만한 시간이 그만큼 줄어든다고 보고 있다.

즉 이들은 사이버 공간에서의 활동으로 인해 면대면 만남과 관계의 상실, 개인화, 고립화, 기존 공동체 의미 쇠퇴, 가족 및 친구와의 관계 소홀 등 전반적인 사회적 연대와 네트워크가 감소된다는 점에 초점을 맞추고 있다.

이 논의들은 오프라인상에서 이루어지는 관계 속에서 사회자본을 평가하고 있다. 이들은 강한 연대의 사회자본만이 가치가 있는 것으로 취급함으로서 약한 연대를 통한 새로운 정보의 획득과 접근 및 다양한 네트워크 접근의 용이성에 대한 가치를 간과하고 있다.

3) 온라인 – 오프라인 간의 상호교류 매개로서의 사회자본
: 보완의 역할

인터넷은 현존하는 의사소통에 새로운 양상을 추가할 뿐이라고 보고 있는 연구들이 있다(Flanagan and Metzger 2001: Quan – Haase and Wellman, 2002: Haythornthwaite and Wellman 1998: Howard, Rainie, and Jones 2002: Haythornthwaite, 2002: Castells, 2000: Castells et al 2003: Chau et al 2002: Norris 2001). 따라서 이러한 논의들에 의하면 온라인은 중요하지만 지배적인 것은 아니다.

이러한 논의에 의하면 인터넷은 친구, 친척과 교제하는 의사소통 수단으로써 행위자들 간의 만남과 접촉 및 의사소통 단절을 메우는 데 도움을 주게 된다. 따라서 인터넷은 오프라인상에서 형성된 사회자본을 보충해 주고 있을 뿐이다. 예를 들면 이메일은 친척, 친구들과의 접촉을 유지하기 위한 중요한 매개물이지만, 주고받는 이메일의 양이 증가해도 상호작용이나 전화하는 일이 감소하는 것은 아니다(Howard, Rainie, and Jones, 2002: Quan – Haase and Wellman, 2002). 이러한 분석에 의하면 온라인은 사람들 간의 관계를 유지하기 위한 매개물일 뿐이다. 사이버 공간에서의 활동이 증가하면 다른 미디어를 더 자주 사용하게 되어서 사회자본을 보충하게 된다.

또한 지역이나 나라의 상황에 따라 현실세계에서의 만남을 더 중요시하기도 하고 사이버 공간에서의 만남을 더 중요시하기도 하기 때문에 사이버 공간에서 반드시 사회자본이 증가하거나 감소한다고 단언할 수는 없다. 이 논의들은 사이버 공간에서 사회자본의 형성을 단순하게 보고 있지 않다는 점에서 시사하는 바가 크다고 할 수 있다. 그러나 개개 행위자들에 의한 원동력을 장점으로 하는 사이버 공간에서 사회자본을 둘러싼 역동적인 관계에 대한 관점을 제시하지 못하고 있다.

이상의 이론적 논의들을 기반으로 본 저서는 다음과 같은 시각에서 출발하고자 한다. 샌더(Sander, 2005)가 주장하듯이 사이버 공간에서 형성된 사회자본은 오프라인상에서의 사회적 관계에 기여하기도 하지만, 오프라인과는 다른 새로운 사회적 관계를 형성하고 강화하는 데 기여한다. 따라서 사이버 공간에서 형성되는 사회자본의 평가는 오프라인상에서 형성되는 사회자본의 평가기준을 적용하는 것은 무리가 있다.

사이버 공간에서 사회자본은 강화되느냐 쇠퇴하느냐의 평가보다는 어떠한 경로와 선택에 따라 어떠한 형태를 지닐 수 있는지에 대한 평가가 중요할 것이다. 따라서 이 연구는 단순히 사이버 공간에서 사회자본이 증가했다, 감소했다는 논리보다는 사회자본이라는 것이 네트워크의 성격과 그 속에서 개개 행위자들의 선택과 의도적 행위에 따라 어떻게 형성되고 활용되는지에 대해 분석하고자 한다.

4. 분석틀

본 저서는 기존의 연구가 보여주고 있는 사이버 공간에서의 사회자본의 증가, 감소, 보완이라는 구분된 논의에서 벗어나고자 하는 것이다. 사이버 공간에서 발생하는 사회현상을 분석한 연구는 적지 않다. 그러나 사이버 공간에서 활동하고 있는 행위자들을 분석대상으로 하여 사이버 공간에서 사회자본의 형성과 활용 과정에 대한 체계적인 분석은 드물다. 따라서 본 저서는 이러한 점을 보완하고자 한다.

본 저서의 핵심은 사이버 공간에서 사회자본의 형성과 활용의 다양한 과정에 대한 분석이다. 이를 위해서 본 저서는 우선, 개개 행위자들이 온라인네트워크에 접근하는 동기에 대해 조사했다. 사회자본은 사람들 간의 사회적 네트워크 속에 배태된 자원이다. 따라서 행위자들은 동기가 부여된 행위를 위해 사회적 네트워크에 접근하게 되며, 나아가 행위자의 의도된 행위는 자원에 대한 접근과 활용에 영향을 미치게 된다.

본 저서에서 행위자들의 접근 동기는 사회적 행위에서 자신들이 자원을 유지하거나 획득하기 위한 동기부여에 의해서 이루어지게 되는데 표출적 동기(Coleman, 1988: Lin, 2001)와 도구적 동기(Ostrom, 2000: Granovetter, 1973, 1983: Burt, 1995, 2001: Lin, 1999a, 2001)로 구분하고 있다. 그리고 회원가입을 한 상황에서 행위자가 집단의 규범, 규칙, 제재에 따른 역할을 중요시하는 것이 사회자본에 긍정적으로 작용하는지(Coleman, 1988, 1990: Putnam, 2000: Kadushin, 2004), 아니면 회원들 간의 정서적 관계 강화가 사회자본에 긍정적으로 작용하는지(Lin, 2001: 149: Homans, 1950: Lazarsfeld and Merton, 1954: Laumann, 1966)에 따라 온라인네트워크를 규칙 중시 네트워크와 정서 중시 네트워크로 구분하고자 한다. 이러한 논의에 근거하여 본 저서는 행위자들이 어떠한 동기에 의해 어떠한 네트워크 구조를 선호하고 결정하는지를 분석할 것이다.

> 가설 1. 행위자의 접근 동기는 온라인네트워크의 선택에 정(+)의 영향을 미칠 것이다.
> 　　1-1. 표출적 동기는 정서 중시 네트워크의 선택에 정(+)의 영향을 미칠 것이다.
> 　　1-2. 도구적 동기는 규칙 중시 네트워크의 선택에 정(+)의 영향을 미칠 것이다.

이를 통해서 행위자들의 접근 동기에 따른 온라인네트워크의 특징을 파악할 수 있을 것이며, 사회자본의 전제 조건으로서의 접근 동기와 네트워크 간의 관계에 대한 근거를 제시해 줄 것이다.

다음으로, 행위자들의 접근 동기와 온라인네트워크의 특성 및 사회자본과의 관계를 분석할 것이다. 이러한 분석을 통해 온라인네트워크와 사회자본 창출과의 인과관계를 예측할 수 있을 것이다.

행위자들의 접근 동기의 성공은 긍정적인 사회자본과 관련되게 된다. 표출적 동기에 따른 행위는 표출적 보상을 강화하고 도구적 동기에 따른 행위는 도구적 보상의 가능성을 강화하게 된다(Lin, 1999a, 2000, 2001). 또한 사회자본은 네트워크 내에 내재된 자원이기 때문에 온라인네트워크의 속성은 사회자본 창출에 영향을 미칠 것이다.

가설 2. 접근 동기와 온라인네트워크는 사회자본 창출에 정(+)의 영향을 미칠
　　　　것이다.
　　　2-1. 표출적 동기는 표출적 사회자본에 정(+)의 영향을 미칠 것이다.
　　　2-2. 정서 중시 네트워크는 표출적 사회자본에 정(+)의 영향을 미칠
　　　　　 것이다.
　　　2-3. 도구적 동기는 도구적 사회자본에 정(+)의 영향을 미칠 것이다.
　　　2-4. 규칙 중시 네트워크는 도구적 사회자본에 정(+)의 영향을 미칠
　　　　　 것이다.

　　그러나 목적달성에 따른 사회자본의 획득은 단순하지 않을 것이다. 결국 사회자본은 다양한 접근 동기와 네트워크의 결합에 따라 다양하게 나타날 수 있음을 보여주는 근거가 될 것이다.

　　다음으로 행위자의 의도적인 행위가 사회자본의 형성과 활용에 어느 정도의 영향을 끼칠 것인지를 알아 볼 것이다. 왜냐하면 사회자본은 사회적 관계 속에 배태된 자원이기 때문에 지속적으로 사용되지 않는다면 감소하기 때문이다. 결국 사회자본은 네트워크화한 자원이기 때문에 긍정적인 자원을 극대화하고 유지하기 위해서는 행위자들의 투자와 노력이라는 의도적 행위가 필수적이다. 더욱이 행위자들은 가치 있는 자원이 안전했을 때는 자원을 획득하기 위해 노력할 것이기 때문에 개인적인 노력에 따라 사회자본의 성공여부는 다양해질 수 있다(Lin, 1999a, 2001: Coleman, 1990: Portes, 1993, 1996, 1998).

　　이를 위해서 행위자의 온라인 접근 동기와 네트워크, 사회자본, 의도적 행위의 측정변수들 간의 인과모형을 분석할 것이다. 개개 행위자들이 사이버 공간에서 사회자본을 획득하기 위해 어떠한 의도적인 행위를 시도하고 있으며, 이것이 긍정적인 사회자본의 획득에 어떠한 영향을 미치고 있는지를 분석할 것이다.

가설 3. 개개 행위자들의 의도적 행위들은 온라인네트워크상에서 사회자본의
형성과 활용에 정(+)의 영향을 미칠 것이다.
3-1. on-offline 관계 맺기 행위는 사회자본 창출에 정(+)의 영향
을 미칠 것이다.
3-2. 사이버 공간에서의 정보공유의 행위는 사회자본 창출에 정(+)
의 영향을 미칠 것이다.

다음으로는 사이버 공간에서의 사회적 관계와 활동시간과 기간
들이 오프라인상에서 관계뿐만 아니라 새로운 사회자본 창출에 어
떠한 영향을 미치고 있는지를 분석할 것이다.

가설 4. 사이버 공간에서의 활동정도는 오프라인상의 관계에 부(-)의 영향을
줄 것이다.
4-1. 사이버 공간에서의 활동시간은 오프라인상의 관계에 부(-)의
영향을 줄 것이다.
4-2. 사이버 공간에서의 활동기간은 오프라인상의 관계에 부(-)의
영향을 줄 것이다.

가설 5. 오프라인상의 관계변화는 새로운 사회자본 창출 유도에 부(-)의 영향
을 미칠 것이다.

가설 6. 온라인네트워크의 속성은 새로운 사회자본 창출 유도에 정(+)의 영향
을 미칠 것이다.

이와 같은 분석을 통해 단순히 온라인네트워크에 접근한다고 해
서 사회자본을 형성하는 논리보다는 행위자들의 선택과 의도적 행
위, 그리고 오프라인상에서 사회적 관계가 중요한 영향을 끼칠 수
있음을 추적할 수 있을 것이다. 결국 [그림 2-3]에서 보여주듯이,
본 저서는 온라인네트워크의 속성, 온라인네트워크에서 행위자들의
접근 동기와 의도적인 행위들이 어떻게 사회자본과 인과관계를 갖

게 되는지를 보여줄 것이다. 사이버 공간에서 행위자들의 자원획득 동기와 선택된 온라인네트워크는 사회자본의 형성과 활용에 영향을 미칠 것이다. 그리고 이러한 영향력은 온라인상에서의 의도적 행위와 오프라인상에서의 관계 속에서 더 다양한 결과들을 형성해 갈 것이다. 이러한 인과관계 분석을 통해 온라인네트워크 내에서 행위자들 간의 관계 속성과 사회자본과의 상호작용을 파악할 수 있을 것이며, 나아가 온라인네트워크 내에서 행위자들의 삶의 질을 향상시키기 위한 구도를 분석할 수 있을 것이다.

[그림 2-3] 연구모형

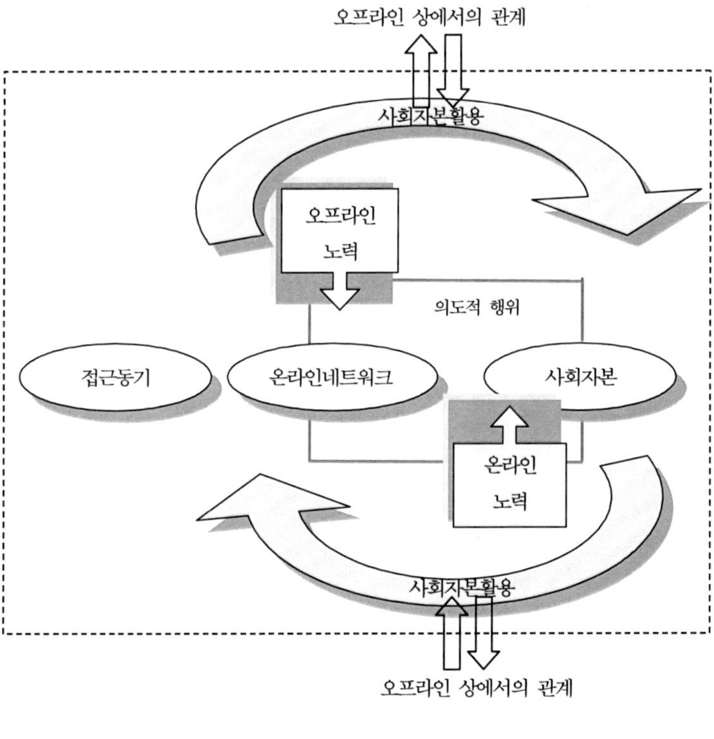

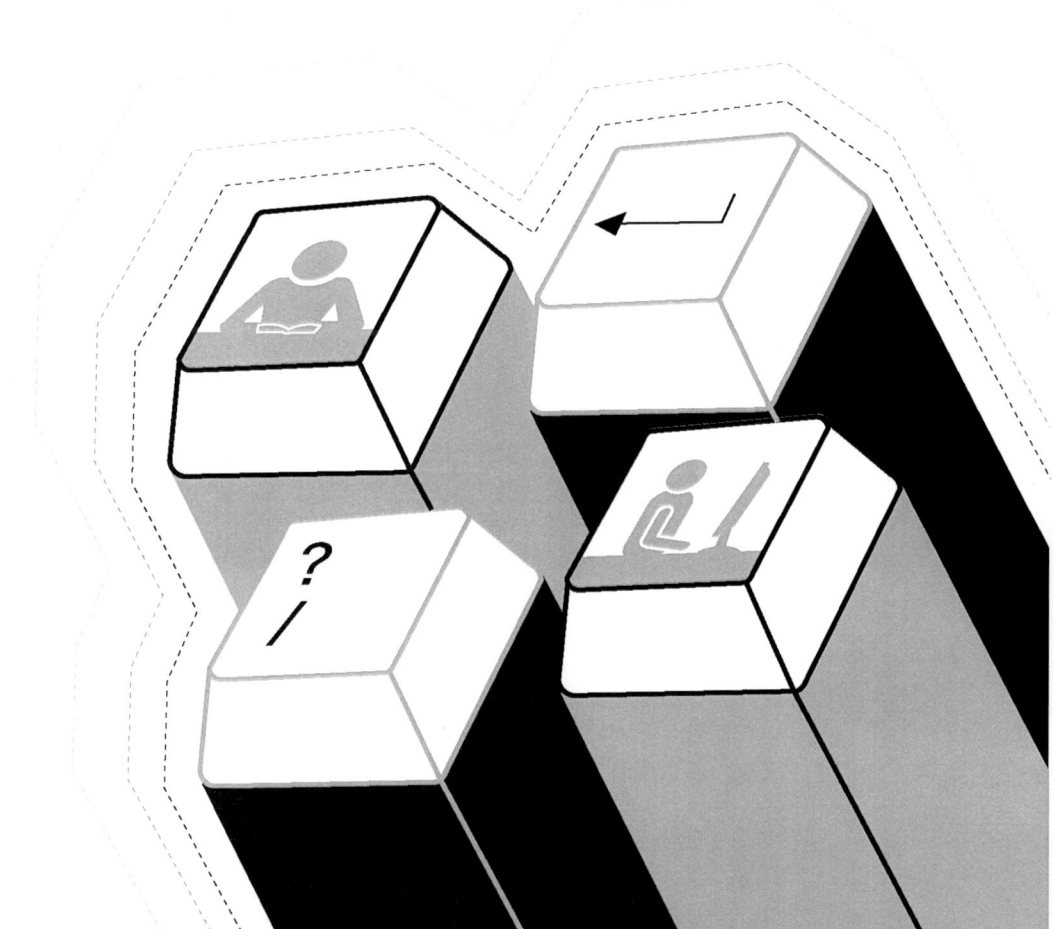

제3장 사이버 공간에서의 사회적
　　　　네트워크 형성에 대한 분석

1. 변수의 조작과 측정

본 저서에서 접근 동기, 네트워크, 사회자본, 행위자의 의도적 행위 등을 측정하기 위한 문항들은 전혀 그렇지 않다(1점)에서 매우 그렇다(5점)까지 5개 응답범주를 갖는 리커트 척도를 사용하였다.

1) 접근 동기

행위자들은 그들이 소유하고 있는 자원을 유지하거나 자신이 소유하고 있지 않은 새로운 자원을 획득하기 위한 동기부여에 의해 사회적 행위를 하게 된다. 행위자들이 사이버 공간에서 자원을 유지하고 새로운 자원을 획득하기 위해 온라인네트워크에 접근하는 동기는 표출적 동기(Coleman, 1988: Lin, 2001)와 도구적 동기(Ostrom, 2000: Granovetter, 1973, 1983: Burt, 1995, 2001: Lin, 1999a, 2001)

로 구분해 볼 수 있다.

본 저서는 구체적인 측정치로 총 7개의 문항을 사용하였다. 측정된 문항들은 요인분석을 통해[21] 생활의 편리를 위한 부분과, 정서적 만족, 관계유지 및 확장 등 세부적으로 다시 구성하였다.

도구적 동기는 생활의 편리를 위한 새로운 자원을 획득하기 위한 것으로 ① 지식과 정보를 얻기 위해, ② 세상 돌아가는 것을 알기 위해(뉴스, 일상적인 생활정보 등) ③ 생활의 편의(인터넷 쇼핑, 은행업무 등)를 위해 등으로 구성하여 조사하였다.

표출적 동기는 행위의 원초적인 동기부여로서 감정적이고 정서적인 자원을 보존하고 유지하기 위한 것으로 첫째, 정서적 만족을 위한 것으로는 ① 여가활용을 위해, ② 재미·흥미를 위해. 둘째, 관계유지 및 형성을 위한 것으로는 ① 동창모임이나 현재 교류 중인 사람들과의 친목을 위해 ② 대인관계를 위해 등으로 구성하였다.[22]

2) 온라인네트워크

사회자본은 사회적 관계나 구조 속에서 구현되는 자원이다(Bou-

---

21) 요인분석 결과는 〈부록1〉에 제시되어 있음.
22) 접근 동기에 대한 질문은 다음의 7개 항목이다.
    1. 지식과 정보를 얻기 위해 접속한다.
    2. 대인관계를 위해 접속한다.
    3. 여가활용을 위해 접속한다.
    4. 재미 / 흥미 때문에 접속한다.
    5. 동창모임이나 현재 교류 중인 사람들과의 친목을 위해 접속한다.
    6. 세상 돌아가는 것을 알기 위해 접속한다(뉴스, 일상적인 생활정보).
    7. 생활의 편의(인터넷 쇼핑, 은행업무 등)를 위해 접속한다.
    1번 응답은 '전혀 그렇지 않다' 2번 응답은 '그렇지 않다' 3번 응답은 '보통이다' 4번 응답은 '그렇다' 5번 응답은 '매우 그렇다'로 측정되었다.

rdieu, 1986: Coleman, 1988, 1990: Lin, 1999a, 1999b, 2001: Portes, 1998:
Granovetter, 1973, 1983: Burt, 1995, 2001: Flap, 1991, 1994). 따라서 네
트워크의 약한 연대, 또는 위치의 강화는 더 나은 사회자원과 연관되
는 경향이 있다(Bian and Ang, 1997: Lin and Dumin, 1986: Lin et al,
1981: Volker and Flap, 1999).

　네트워크나 관계 속에서 나타나는 개방성과 폐쇄성은 사회자본
의 창출과 사용에 영향을 주게 된다. 폐쇄적 네트워크 내에서의 사
회자본 창출을 주장하는 학자들은 폐쇄적 네트워크가 집단의 결속
및 연대를 강화시킴으로써 관계 강화라는 사회자본 획득에 유리하
다고 보았다(Bourdieu, 1986: Coleman 1988, 1990: Putnam, 1995,
2000: Portes and Sensenbrenner, 1993: Portes 1996, 1998). 그리고
개방적 네트워크 내에서의 사회자본 창출을 주장하는 학자들은 개
방적 네트워크가 집단을 유지하면서 외부와의 관계를 확대하여 보
다 많은 새로운 정보와 자원이라는 사회자본 획득에 긍정적인 영
향을 미친다고 주장한다(Granovetter, 1973: Burt, 1995, 2001).

　이와 같은 논의는 오프라인네트워크에서 측정한 사회자본에 대
한 내용이다. 본 저서는 온라인네트워크상에서 사회자본 형성과 활
용을 파악하기 위해서 오프라인상에 네트워크 구분과는 다른 작업
이 필요하다고 판단하고 있다. 왜냐하면 사이버 공간은 누구나 접
근 가능한 공간이며 수많은 사람들이 관계를 확대하고 있는 공간
이다. 따라서 온라인네트워크는 다양한 사람들 간의 관계를 확장하
고 상호작용을 증대시키는 개방적이고 약한 네트워크에서 출발하
고 있다. 그러나 온라인네트워크는 개방적이고 약한 네트워크에서
시작하여 강한 네트워크로 발전해 가고 있다. 현재 사이버 공간에

서는 대부분 실명제를 통한 회원제를 실시하고 있거나 이를 희망하고 있다. 또한 까다로운 회원제 절차를 거치거나, 등급에 따라 읽기와 쓰기가 제한되기도 하며, 개인정보 유출과 저작권법의 강화로 인해 회원가입규제는 더 강화되어 가고 있다. 또한 장기적으로 볼 때 사이버 공간에서 사회자본의 형성과 활용은 결국 사회적 관계를 강화할 것이다.

이러한 구조에서 행위자들이 어떠한 관계망을 중시하는지 그리고 어떠한 관계망의 속성이 사람들 간의 관계를 확장하고 상호작용을 증대시키는지에 따라 온라인네트워크의 성격을 분석하고자 한다.

행위자들은 정서적 감정의 교환 속에서 상호작용을 강화할 것인가, 아니면 규범에 근거한 합리적 선택 속에서 관계를 발전시킬 것인가.

본 저서는 행위자들이 규범에 따른 역할을 중시해서 관계를 발전시키려는 성향이 강한지 아니면 정서적 감정을 교환하여 상호작용을 강화시키려는 성향이 강한지에 따라 규칙 중시 네트워크와 정서 중시 네트워크로 구분하였다. 요인분석을 통해 사람들 간의 정서 중시의 관계를 특징짓는 네트워크의 측정지표로는 ① 회원들은 서로의 생각에 영향을 준다, ② 회원들과 다양한 수단(이메일, 전화, 우편, 대화 등)을 통해 의사소통을 한다, ③ 회원들이 사이버 공간에서 어려운 일에 처했을 때 나는 도움을 준다, ④ 사이버 공간에서 내가 어려운 일에 처했을 때 회원들이 도움을 준다, ⑤ 중요한 일이나 문제를 회원들과 마음 놓고 말할 수 있다 등으로 구성하였다. 그리고 규칙 중시의 관계를 특징짓는 네트워크를 측정하기 위해 ① 회원들이 지켜야 할 규칙이 있다, ② 규칙·규범이 강제적인 편이다, ③ 사람들이 지켜야 할 암묵적인 관행이 있다, ④ 규칙을 따르지 않으면 제재를 받기도 한다 등의 측정 문항을 구성하였다.[23]

3) 의도적 행위

사회자본은 시간이 경과하면 감소되는 자본의 형태이다. 왜냐하면 사회자본의 형성에 있어서 근원이 되는 사회적 관계는 지속적으로 유지되지 않으면 소멸되기 때문이다. 또한 사회자본은 반드시 긍정적인 결과만을 가져오는 것이 아니기 때문에 개개 행위자들이 어떤 목적으로 가지고 행위를 하느냐에 따라서 사회자본의 형성뿐만 아니라 활용에 있어서도 영향을 받게 된다. 따라서 보다 긍정적인 사회자본을 획득하고 유지하는 데 있어서 행위자의 투자와 노력이라는 의도적인 행위는 중요한 역할을 하게 된다.

본 저서는 행위자들이 획득한 사회자본을 안전하게 유지하고 활

---

23) 온라인네트워크에 대한 질문은 다음의 9개 항목이다.
　　1. 회원들이 지켜야 할 규칙들이 있다.
　　2. 규칙, 규범이 강제적인 편이다.
　　3. 규칙을 따르지 않으면 제재를 받기도 한다.
　　4. 회원들 사이에 지켜야 할 암묵적인 관행이 있다.
　　5. 회원들은 서로의 생각에 영향을 준다.
　　6. 나는 회원들이 사이버 공간에서 어려운 일에 처했다면 도움을 줄 것이다.
　　7. 내가 사이버 공간에서 어려운 일에 처했을 때 회원들이 도움을 준다.
　　8. 회원들과 나의 중요한 일이나 문제를 마음 놓고 말할 수 있다.
　　9. 회원들과 여러 가지 다른 수단(전화, 이메일, 우편, 대화 등)을 통해 커뮤니케이션을 한다.
　　1번 응답은 '전혀 그렇지 않다' 2번 응답은 '그렇지 않다' 3번 응답은 '보통이다' 4번 응답은 '그렇다' 5번 응답은 '매우 그렇다'로 측정되었다.

용하기 위해 온라인과 오프라인상에서 어떠한 의도적 행위를 하고 있는지를 측정하였다. 첫째, 온라인-오프라인 간의 관계 맺기 행위를 측정하기 위한 지표로 ① 정규모임과 오프라인 모임에 지속적으로 참가한다. ② 회원들과 온라인 모임 외에 개인적인 만남을 자주 갖는다. ③ 회원들을 가족과 친구에게 소개해 준 적이 있거나 해 주고 싶다. 둘째, 온라인에서의 정보공유 행위를 측정하기 위해 ① 관심 분야에 많은 정보를 제공한다. ② 게시판과 자료실에 의견을 자주 올린다. ③ 관련 자료를 자주 업로드 한다. ④ 솔직하게 표현한다. ⑤ 여러 가지 활동에 적극적으로 참여한다 등으로 문항을 구성하였다.[24]

4) 사회자본

사회자본은 사람들 간의 관계 속에서 획득되는 것으로서 본 저서는 온라인네트워크에서 행위자들 간의 상호작용에 의해 주고받는 정신적·물질적 혜택이나 보상으로 정의하고 있다. 오프라인과 온라인상에서 측정된 사회자본이란 신뢰, 협력, 상호성 증진, 정보

---

24) 의도적 행위에 대한 질문은 다음의 8개 항목이다.
   1. 정규모임과 오프라인 모임에 지속적으로 참가한다.
   2. 회원들과 커뮤니티 모임 외에 개인적인 만남을 자주 갖는다.
   3. 회원들을 가족과 친구에게(직·간접적으로) 소개해 준 적이 있거나 해 주고 싶다.
   4. 나의 관심분야에 대해 많은 정보를 제공한다.
   5. 게시판과 자료실에 나의 의견을 자주 올린다.
   6. 나는 관련 자료를 자주 업로드 한다.
   7. 여러 가지 활동에 적극적으로 참여하는 편이다.
   8. 나를 솔직하게 표현한다.
   1번 응답은 '전혀 그렇지 않다' 2번 응답은 '그렇지 않다' 3번 응답은 '보통이다' 4번 응답은 '그렇다' 5번 응답은 '매우 그렇다'로 측정되었다.

제공과 수렴, 연계, 친밀감, 신뢰형성, 연대, 믿음, 의사교환, 호혜성, 친분 네트워크 등이다.

　본 저서는 요인분석을 통해 우선 행위자들 간의 결속 및 연대를 강화하고 신뢰를 형성하여 상호관계를 강화하는 표출적 사회자본을 측정하기 위한 지표를 ① 나는 회원들과의 교류를 통해 생각과 감정을 공유하면서 강한 유대감을 느낀다. ② 소속감을 느낀다. ③ 회원들 간에 서로 믿는 편이다. ④ 서로 친밀감을 느낄 수 있는 친구가 생겼다 등으로 구성하였다. 그리고 호혜적인 정보 확장 및 활용이라는 도구적 사회자본으로 ① 내가 얻고자 하는 전문 정보(지식, 학업, 쇼핑, 은행업무, 오락, 생활의 정보 등)를 획득·활용할 수 있었다. ② 내가 알고 있는 정보를 제공하며 보람을 느낀다. ③ 관심분야에 대한 전문적인 이야기를 할 수 있다 등을 구성하였다.[25]

---

25) 사회자본에 대한 질문은 다음의 7개 항목이다.
　　1. 나는 회원들과의 교류를 통해 생각과 감정을 공유하면서 강한 유대감을 느낀다.
　　2. 소속감을 느낀다.
　　3. 회원들 간에 서로 믿는 편이다.
　　4. 서로 친밀감을 느낄 수 있는 친구가 생겼다.
　　5. 내가 얻고자 하는 전문 정보(지식, 학업, 쇼핑, 은행, 오락, 생활의 정보 등)를 획득·활용할 수 있었다.
　　6. 내가 알고 있는 정보를 제공하며 보람을 느낀다.
　　7. 관심분야에 대한 전문적인 이야기를 할 수 있다.
　　1번 응답은 '전혀 그렇지 않다' 2번 응답은 '그렇지 않다' 3번 응답은 '보통이다' 4번 응답은 '그렇다' 5번 응답은 '매우 그렇다'로 측정되었다.

〈표 3-1〉 변수의 조작 및 측정

구 분	정 의	측정변수	
접근 동기	● 행위자가 가지고 있거나 혹은 새로운 자원을 획득 하기 위한 동기부여 ● 사회자본에 접근하기 위 한동기 ● 행위자의 웰빙과 목적적 행동을 위한 동기부여	표출적 동기	● 자신이 소유하고 있는 감정적 · 정서적 자원을 보존하기 위한 것 - 여가활용(취미, 영화, 음악 등), 재미와 흥미(오 락 등), 친목, 대인관계
		도구적 동기	● 새로운 자원획득 - 지식과 정보, 생활의 편의(인터넷 쇼핑, 은행 업무 등), 세상 돌아가는 것
네트 워크	● 사회자본의 창출과 사용 에 영향을 주는 사회적 관계	정서중시 네트워크	● 정서적 감정을 교환하여 상호작용을 강화시키 는 정서를 중심으로 특징 지워지는 관계의 속성 - 회원들 서로 간의 사고에 영향을 주고 어려운 일이나 고민 등에 대해 서로 도와주는 정도
		규칙중시 네트워크	● 합리적인 선택과정에서 계산에 기초한 규범이 나 규칙에 따른 역할관계를 중심으로 특징 지 워지는 관계의 속성 - 규칙, 규범을 지켜야 하고 제재를 통해 행위 를 통제하는 정도
사회 자본	● 온라인네트워크에서 행위 자들 간의 상호작용 관계 속에서 주고받는 정신 적 · 물질적 혜택이나 보 상으로서의 자원	상호관계강화 :표출적 사회자본	● 행위자들 간의 결속과 연대의 강화 및 신뢰 형성 - 유대감, 소속감, 믿음, 친밀감을 느끼는 정도
		호혜적정보 확장 및 활용 :도구적 사회자본	● 정보교류 차원에서 서로 특별한 편익을 주고 받는 일 - 전문적인 정보 획득 및 제공과 공유의 정도
의도적 행위	● 사회관계를 유지시켜서 긍정적인 사회자본의 유 지 및 확장하기 위한 개인의 투자와 노력	on-offline 관계 맺기 행위	● on-offline 간의 관계 확장 행위 - on-offline 모임, 개인적 만남 및 확장의 정도
		사이버공간 에서정보 공유행위	● 사이버 공간에서의 관계 확장 행위 - 정보제공, 의견제시, 자료 업로드 및 솔직한 표현의 정도, 적극적 활동

생활의 편리함, 정서적 만족, 관계유지 및 형성, 정서 중시 네트
워크, 규칙 중시 네트워크, 상호관계 강화, 호혜적 정보 확장 및
활용, 오프라인-온라인 관계 맺기 행위, 온라인에서의 정보공유
행위를 측정하는 문항들에 대한 응답은 전혀 그렇지 않다(1점)에서

매우 그렇다(5점)까지의 5점 리커트 척도를 사용한 것이며, 문항들에 대한 응답의 합을 문항수로 나눈 평균값을 각 요인들의 척도값으로 사용하였다.

2. 측정도구의 신뢰도 및 타당도

본 저서는 접근 동기, 네트워크, 사회자본, 의도적 행위에 사용된 측정도구의 신뢰도를 측정하기 위해 크론바하 알파(Chronbach's alpha)를 사용하였다.

〈표 3-2〉 요인별 측정도구 신뢰도

	측정도구	문항 수	신뢰도 계수(a)
접근 동기	요인 1 생활의 편리	3	0.66
	요인 2 정서적 만족	2	0.81
	요인 3 관계유지 및 형성	2	0.70
네트워크	요인 4 정서 중시 네트워크	5	0.86
	요인 5 규칙 중시 네트워크	4	0.77
사회자본	요인 6 상호관계 강화	4	0.90
	요인 7 호혜적 정보 확장 및 활용	3	0.76
의도적 행위	요인 8 오프라인-온라인 관계 맺기 행위	3	0.88
	요인 9 온라인에서 정보 공유 행위	5	0.87

<표 3-2>에 제시된 바와 같이 접근 동기, 네트워크, 사회자본, 의도적 행위의 요인별 측정도구의 신뢰도는 각각 0.66, 0.81, 0.70, 0.86, 0.77, 0.90, 0.76, 0.88, 0.87로 모두 0.6이상으로 전반적으로 수용할 만한 신뢰도를 보여주고 있다.

그리고 위 변인들의 측정에 사용된 척도들의 타당도를 알아보기 위해 AMOS의 확인적 요인분석(confirmatory factor analysis, CFA)을 실시하였다. 우선 확인적 요인분석결과, 각 문항들의 요인 부하치는 .40 이상의 값을 나타냈다(<표 3-3>). 이와 같은 결과는 모든 문항들이 대항 요인에 적합하게 부하되고 있음을 보여주는 것이다.

<표 3-3> 확인 요인분석 결과

	접근 동기			네트워크		사회자본		의도적 행위	
	생활의 편리함	정서적 만족	관계 유지 형성	정서중시 네트워크	규칙중시 네트워크	상호관계강화	호혜적 정보확장 및 활용	on-offline관계 맺기	온라인에서 정보공유
접근 동기1	0.63								
접근 동기2	0.70								
접근 동기3	0.51								
접근 동기4		0.84							
접근 동기5		0.81							
접근 동기6			0.88						
접근 동기7			0.60						
네트워크1				0.52					
네트워크2				0.90					
네트워크3				0.86					
네트워크4				0.61					
네트워크5				0.58					
네트워크6					0.74				
네트워크7					0.58				
네트워크8					0.57				
네트워크9					0.51				
사회자본1						0.83			
사회자본2						0.90			
사회자본3						0.84			
사회자본4						0.73			
사회자본5							0.59		
사회자본6							0.82		
사회자본7							0.73		
의도적 행위 1								0.86	
의도적 행위 2								0.91	
의도적 행위 3								0.76	
의도적 행위 4								0.85	
의도적 행위 5								0.75	
의도적 행위 6									0.79
의도적 행위 7									0.81
의도적 행위 8									0.62

그리고 <표 3-4>에서 보듯이 각 요인별 상관관계의 분석결과를 보면 각 9개의 척도들이 상호 간에 강하게 상관되어 있지 않다는 것을 알 수 있다. 즉 상호 적절하게 구분되어 있다고 볼 수 있다. 따라서 사용된 척도들은 적절한 타당도를 보이고 있다고 할 수 있다.

〈표 3-4〉 각 요인별 상관관계 분석 결과

	1.	2.	3.	4.	5.	6.	7.	8.	9
1. 생활의 편리	1								
2. 정서적 만족	.267(**)	1							
3. 관계유지 및 형성	.328(**)	.328(**)	1						
4. 정서중시네트워크	.083(*)	.131(**)	.395(**)	1					
5. 규칙중시네트워크	.160(**)	.107(**)	.165(**)	.334(**)	1				
6. 상호관계강화	.120(**)	.160(**)	.453(**)	.752(**)	.259(**)	1			
7. 호혜적 정보 확장 및 활용	.310(**)	.115(**)	.283(**)	.443(**)	.280(**)	.507(**)	1		
8. on-offline 관계 맺기 행위	-.050	.007	.299(**)	.560(**)	.116(**)	.598(**)	.300(**)	1	
9. 온라인에서의 정보 공유 행위	.065	.024	.297(**)	.559(**)	.160(**)	.594(**)	.523(**)	.695(**)	1

* 〈.05   ** 〈.01

본 저서는 변인들 간의 다중공선성(multicollinearity) 여부도 확인하였다. VIF(Variance Inflation Factor)를 계산하여 다중공선성 문제를 검토하였는데, 일반적으로 VIF 수치가 10 이상이 되면 심각한 다중공선성이 존재하는 것으로 간주된다. 본 저서의 인과모형에 포함된 내생변인들을 종속변인으로 하고 선행변인들을 독립변인으로 하여 다중공선성을 검토한 결과 VIF 수치가 2.5 이상을 넘는 경우가 없는 것으로 나타났다. 따라서 본 저서에 포함된 변인들 간에는 심각한 다중공선성의 문제는 없는 것으로 확인되었다.

제4장 온라인네트워크 접근과정에 대한 분석

1. 사이버 공간에서의 행위자들의 특징

사이버 공간에서 조사대상자들의 활동과 관련된 사항을 분석한 결과, 조사대상자들의 컴퓨터 이용능력은 보통 이상의 수준으로 나타났다(보통 47.6%, 높은 편 32.5%). 그리고 주로 활동하는 온라인 집단에서 하루 평균 1시간 미만으로 활동하는 경우가 58.7%로 가장 많았고, 1∼2시간 이용자는 36.2%, 3시간 이상은 5.1%로 나타났다.

다음으로 사이버 공간에서 활동한 기간을 보면 1∼2년 42.0%, 3년 이상 37.6%, 1년 미만 20.4%의 순으로 나타났는데, 조사대상자들은 사이버 공간에서 초보자의 수준은 넘어선 것으로 보인다. 그리고 조사대상자들이 온라인에서 활동하고 있는 온라인 집단 수는 2개(33.0%), 1개(31.7%), 3개(18.2%), 4개 이상(17.1%)의 순이었다. 행위자들은 사이버 공간에서 주로 1∼2개의 집단에서 활동하고 있다는 것을 알 수 있었다.

<표 4-1> 행위자들의 사이버 공간에서의 활동

단위: 명, %

		사례 수	비 율	전체수	계
컴퓨터이용능력	낮은 편	168	20.0	841	100.0
	보통	400	47.6		
	높은 편	273	32.5		
하루 컴퓨터 사용시간	1시간 미만	440	58.7	749	100.0
	1-2시간	271	36.2		
	3시간 이상	38	5.1		
활동기간	1년 미만	148	20.4	726	100.0
	1-2년	305	42.0		
	3년 이상	273	37.6		
활동하고 있는 온라인 집단수	1개	235	31.7	742	100.0
	2개	245	33.0		
	3개	135	18.2		
	4개 이상	127	17.1		

조사대상자들은 앞의 <표 1-1>에서 나타났듯이 남성 51.5%, 여성 48.5%를 차지하고 있으며, 그중 20세에서 24세(66.3%) 사이의 대학생들이 대부분이었고, 초보자의 수준을 넘어서서 1~2개의 온라인집단에서 활동하고 있으며 주로 활동하는 온라인 집단에서는 하루 평균 약 1시간 정도 활동을 하고 있는 것으로 나타났다.

2. 행위자들의 온라인네트워크 접근 동기

행위자들은 사이버 공간에서 새로운 만남-친구 만들기-을 위해, 기존의 관계-오프라인에서 형성된 관계-를 유지하기 위해 또는 정보획득-관심분야, 운동법, 요리법, 취미, 취업, 유학, 수업

준비, 뉴스, 연예인, 쇼핑, 패션, 금융 등-을 통한 생활의 편리를 도모하기 위해, 그리고 그저 혼자 즐기기 위한 목적으로 온라인을 활용하기도 한다. 따라서 행위자들은 사이버 공간에서 어떤 보상을 얻기 위한 활동을 지속하고 있다.

여기서는 행위자들이 온라인에 접근하는 동기와 행위자의 특성과의 관계를 분석해 보고자 한다. 우선 접근 동기에 대한 전반적인 의견을 살펴보고 접근 동기를 도구적 동기와 표출적 동기로 구분해 보고자 한다.

1) 접근 동기에 대한 전반적인 의견

행위자들이 사이버 공간에 접근하는 동기(복수응답)에 대해 지식과 정보 획득을 위해서가 24.4%, 여가활동을 위해서가 20.3%로 많은 분포를 보이고 있으며, 재미와 흥미 및 대인관계를 위해서는 각각 17.9%, 17.4%로 미세한 차이를 보이고 있다. 그리고 뉴스, 일상적인 생활정보 등을 통해 세상 돌아가는 것을 알기 위해서는 9.2%, 인터넷 쇼핑, 은행업무 등 생활의 편의를 위해서는 5.9%, 다음으로 친목 4.3%, 기타 0.6%로 나타났다.

[그림 4-1] 사이버 공간에 접근하는 동기(복수응답)

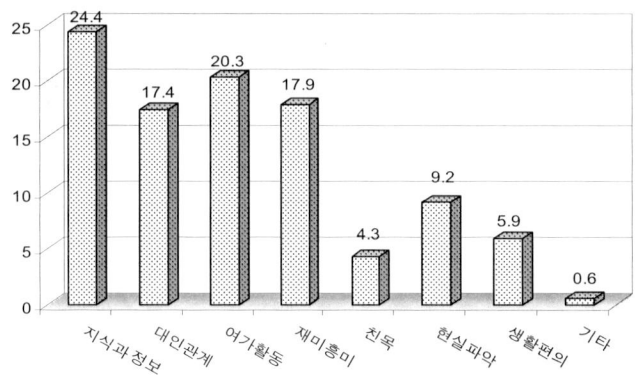

[그림 4-1] 사이버 공간에 접근하는 동기(복수응답)

행위자들이 사이버 공간에 접근하는 가장 중요한 동기는 지식과 정보를 획득하기 위한 것이며, 오락이나 혼자 즐기기 위한 것, 그리고 관계를 유지하거나 확장하기 위해서였음을 알 수 있었다. [그림 4-2]는 행위자들이 사이버 공간에 접근하는 전반적인 동기에 대해 어느 정도의 동기부여를 하고 있는지를 파악한 것이다.[26)]

행위자들은 전반적인 의견에서 재미와 흥미의 접근 동기에 대해서는 응답자의 70.9%가 매우-거의 그렇다라고 동기부여를 하고 있으며, 여가활동을 위해 69.3%, 지식과 정보 획득을 위해 65.1%, 대인관계를 위해 56.5%, 세상 돌아가는 것을 알기 위해 55.1%, 친목을 위해 49.8%, 생활의 편의를 위해 47.7% 등 온라인에 접근하는 동기부여에 대해 전반적으로 적극적인 의사를 나타내고 있었다.

---

26) 수치에 대한 부분은 〈부록2〉 참조

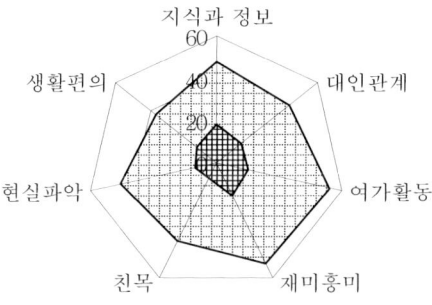

[그림 4-2] 접근 동기에 대한 전반적인 의견

전혀 그렇지 않다 ☒그렇지 않다 ▥보통이다 ▣그렇다 ⊞매우그렇다

2) 접근 동기의 분류

행위자들이 사이버 공간에서 자원을 획득하고 유지하기 위한 접근 동기는 그 목적에 따라 구분되어질 수 있다. 본 저서는 탐색적 요인분석(부록)과 확인적 요인분석을 통해서, 새로운 자원을 획득하기 위한 목적으로 접근한 경우에는 도구적 동기로, 행위의 원초적인 동기부여로서 감정적이고 정서적인 자원을 보존하고 유지하기 위한 동기는 표출적 동기로 구분하였다.

[그림 4-3]에 나타난 접근 동기에 대한 확인적 요인분석의 결과에 의하면 각 문항들의 요인 부하치는 .40 이상의 값으로 모든 문항들이 대항 요인에 적합하게 부하되고 있음을 보여주고 있다.

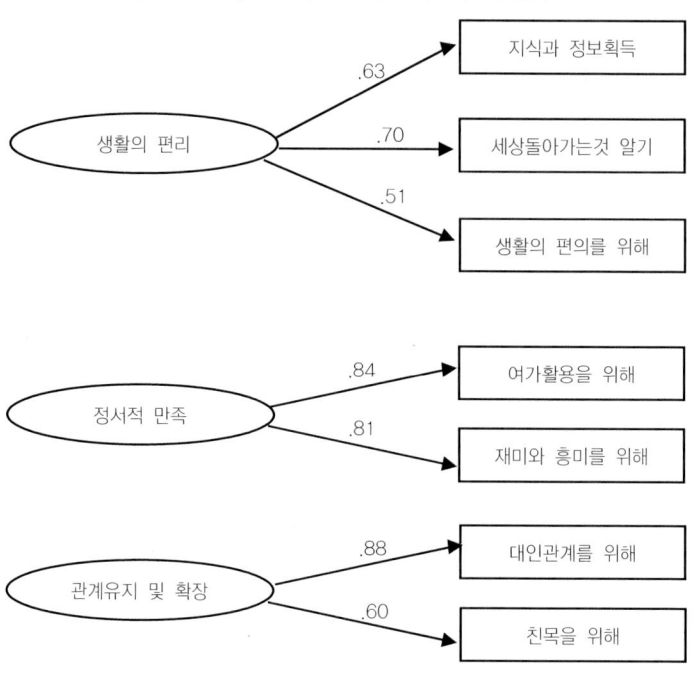

[그림 4-3] 접근 동기에 대한 확인적 요인분석

생활의 편리
- .63 → 지식과 정보획득
- .70 → 세상돌아가는것 알기
- .51 → 생활의 편의를 위해

정서적 만족
- .84 → 여가활용을 위해
- .81 → 재미와 흥미를 위해

관계유지 및 확장
- .88 → 대인관계를 위해
- .60 → 친목을 위해

　　도구적 동기는 생활의 편리를 위한 새로운 자원을 획득하기 위
한 것으로 지식과 정보 획득, 생활의 편의, 세상 돌아가는 것을 알
기 위해 등으로 구성되었다. 표출적 동기는 행위의 원초적인 동기
부여로서 감정적이고 정서적인 자원을 보존하고 유지하기 위한 것
으로 첫째, 즐거움과 혼자 즐기기를 통해 정서적 만족을 추구하는
여가활용과 재미 및 흥미를 추구하기 위한 것으로 이루어졌으며,
둘째, 기존의 오프라인에서의 사회적 관계를 유지하고 나아가 새로
운 만남을 확장하기 위한 것으로 친목과 대인관계를 위한 것으로
구성되었다.

3) 행위자의 특성과 접근 동기

행위자의 특성과 접근 동기의 관계에 대한 전체적인 구조모형을 검증한 결과에 의하면(<표 4-2>), 초기연구모형은 최적모형으로 판단하는 데 있어서 RMR 값과 카이자승 값을 제외하고 모형의 적합지수를 획득하고 있다.

〈표 4-2〉 행위자특성과 접근 동기의 관계에 대한 모형의 적합도 평가

모 형	GFI[1]	AGFI[2]	RMR[3]	NFI[4]	CFI[5]	AIC[6]	$X^{2[7]}$	p
초기연구모형	.98	.90	.48	.92	.93	180.54	74.54	.00
수정모형 1	.99	.95	.47	.98	.98	138.95	22.95	.00
수정모형 2	.99	.97	.70	.97	.99	123.68	25.68	.08
수정모형 3	.99	.97	.96	.97	.99	121.98	29.98	.07

주: 1) 적합도 지수 Goodness of Fit Index: 실제자료의 모델에 의해 예측한 예측결과와의 자승잔차를 나타냄. 주어진 모형이 전체 자료를 얼마나 잘 설명하는지를 나타내는 지표로 회귀분석에서 중상관치(R^2)와 관련이 있다(0.9 이상 바람직).
　　2) 수정된 적합지수 Adjusted GFI: 제안모델에 대한 자유도의 비율을 기초모델에 대한 자유도의 비율로 수정한 것으로 회귀분석의 수정된 중상 관계 수에 해당한다(0.9 이상 바람직).
　　3) 평균제곱잔차제곱근 Root Mean Square Residual: 관측 자료로부터의 모델의 편차. 관측 자료와 모델이 일치해 있으면 0이 되고, 값이 작을수록 적합도가 좋음을 의미한다(0.05~0.08이하 바람직).
　　4) 표준적합지수 Normal Fit Index: 표준화시킨 부합치. 기초모형에 대한 제안모형의 부합도 평가(0.9 이상 바람직).
　　5) Comparative Fit Index: NFI의 결점을 보완한 것이다(0.9 이상 바람직).
　　6) 아카이께의 정보량기준 Akaike's information criterion: 진짜모델과 그 모델의 근사함을 측정하여 작은 모델이 좋은 모델임. 복수의 모델 간을 비교할 때 유효하다.
　　7) 카이자승 통계량(p=0.05이상 바람직).

그러나 전체모형의 적합도를 더 향상시키기 위해서 본 저서는 수정지수(M.I: Modification Indicex)와 C. R. 값에서 유의수준이 유의미하지 않는 값(C. R. 값이 1.96보다 작은 값)을 제거하는 방법을 사용했다. 수정지수는 연구모형의 적합도를 높일 수 있는 가능성을 제시해 주는 지수로서 변수 간의 새로운 경로를 찾아 적합도

를 향상시켜준다. 초기 연구모형을 검증한 수정모형 1, 2, 3의 수치를 비교한 결과, 수정모형 3이 최적의 적합도를 나타내고 있기 때문에 수정모형 3을 최종모형으로 채택했다.

〈표 4-3〉 행위자 특성과 접근 동기에 대한 관계분석 결과

경 로		경로계수	표준편차	C.R.(t값)[27]
성별	➡ 활동기간	-2.360	1.554	-1.519
성별	➡ 하루 평균 접속시간	8.126	4.770	1.703
성별	➡ 온라인 집단개수	-0.294	0.199	-1.477
성별	➡ 컴퓨터 이용능력	-0.232	0.069	-3.369***
연령	➡ 하루평균 접속시간	2.402	1.579	1.521
연령	➡ 온라인 집단개수	-0.092	0.047	-1.967*
학년	➡ 활동기간	2.041	0.723	2.824**
학년	➡ 하루평균 접속시간	-12.206	3.073	-3.972***
가족한달평균수입	➡ 온라인 집단개수	0.090	0.046	1.964*
가족한달평균수입	➡ 컴퓨터 이용능력	0.035	0.017	2.102*
활동기간	➡ 정서적 만족	0.003	0.001	2.308*
하루평균 접속시간	➡ 생활의 편리	-0.002	0.001	-3.085**
하루평균 접속시간	➡ 관계유지 및 형성	-0.001	0.001	-2.803*
온라인 집단 수	➡ 생활의 편리	0.024	0.011	2.100*
컴퓨터 이용능력	➡ 생활의 편리	0.121	0.033	3.732***
컴퓨터 이용능력	➡ 관계유지 및 형성	0.122	0.036	3.369***
학년	➡ 정서적 만족	-0.13	0.024	-5.484***
성별	➡ 생활의 편리	0.187	0.056	3.307***
가족한달평균수입	➡ 정서적 만족	0.029	0.012	2.496*
연령	➡ 생활의 편리	0.023	0.014	1.694
연령	➡ 관계유지 및 형성	-0.032	0.015	-2.087*

* p<.05 ** p<.01 *** p<.001

---

27) AMOS에서는 t-검정을 사용하는데, 여기서 t값은 C. R.(Critical Ratio) 값으로서 통상 유의수준 5%에서 C. R. 값이 1.96을 초과하면 유의한 것으로 판정한다. 즉 모든 회귀계수가 5% 유의수준에서 유의성을 가진다고 판단한다.

행위자의 특성과 접근 동기에 대한 관계분석에서 유의미한 경로를 중심으로 분석한 결과(<표 4-3>, [그림 4-4])에 의하면 첫째, 성별과 컴퓨터 이용능력에 대한 자가 평가와 온라인 집단개수는 생활의 편리라는 도구적 동기에 정(+)의 영향을 미치고 있었다. 그리고 사이버 공간에서 하루 평균 접속시간은 생활의 편리의 동기에 부(-)의 영향을 미치는 것으로 나타났다. 둘째, 학년은 정서적 만족이라는 표출적 동기에 부(-)의 영향을 미치는 반면, 사이버 공간에서 활동한 기간과 가족의 한달 평균 수입은 정서적 만족에 정(+)의 영향을 미치고 있다. 셋째, 연령과 하루 평균 접속시간은 관계의 유지 및 형성이라는 표출적 동기에 부(-)의 영향을, 컴퓨터 이용능력은 정(+)의 영향을 미치고 있는 것으로 나타났다.

[그림 4-4] 행위자 특성과 접근 동기에 대한 수정모형

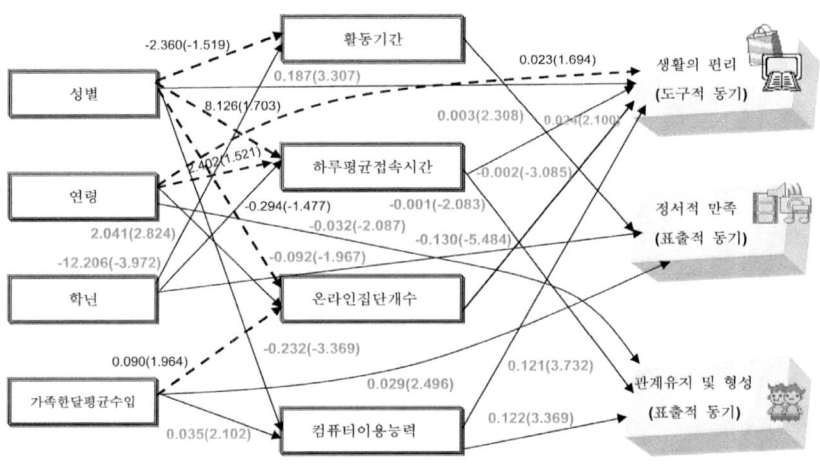

주: 경로계수, 괄호는 t값, 실선은 α=0.05에서 유의한 경로를 나타냄

이러한 결과는 간접적인 경로보다는 직접적인 경로를 통한 결과로서, 우선 자가 진단에 의해 컴퓨터 이용능력이 높게 인식되거나 사이버 공간에서 활동 시간이 적은 남성일수록, 그리고 온라인에서 활동하는 집단의 수가 많을수록 일반적인 혹은 전문적인 정보나 지식의 획득 그리고 이를 통한 편의 도모와 세상에 대한 지식 획득이라는 도구적 동기에 접근할 가능성이 높은 것으로 나타났다.

그리고 학년이 낮으면서 사이버 공간에서의 활동기간과 가족의 수입이 높을수록 재미나 흥미 또는 여가를 즐기기 위한 동기부여의 의도가 높았다. 그리고 컴퓨터 이용능력이 높으면서 사이버 공간에서의 활동시간이 길지 않으며, 연령이 낮을수록 알고 지내던 사람들과의 관계 유지나 또는 새로운 관계의 형성이라는 표출적 동기에 접근할 가능성이 높은 것으로 나타났다.

즉 도구적 동기에는 컴퓨터 이용능력, 하루 평균 접속시간, 성별, 온라인 집단수가 영향을 미치고 있었으며, 표출적 동기에는 연령, 학년, 활동기간, 하루 평균 접속시간, 컴퓨터 이용능력, 가족의 한 달 평균수입 등의 변인들이 영향을 미치고 있음을 알 수 있었다.

3. 온라인네트워크 분석

사회자본은 사회적 관계나 구조 속에 내재되어 있는 것이기 때문에 네트워크나 관계의 속성은 사회자본의 창출과 사용에 중요한 영향을 주게 된다. 따라서 온라인네트워크 속성에 대한 분석은 사이버 공간의 사회자본 형성 및 활용과 관련해서 중요한 영향을 미칠 것으로 판단된다.

　온라인은 누구나 접근 가능한 공간으로서 수많은 정보의 획득과 만남이 이루어지는 공간이며, 온라인의 성격상 회원가입의 과정을 강화하고 있음과 동시에 가입과 탈퇴가 자유롭게 이루어지는 공간이기도 하다. 즉 개방적 네트워크(약한 연대)와 폐쇄적 네트워크(강한 연대)가 중첩되어 있다고 볼 수 있다. 그러나 사이버 공간에서 사회자본 형성에 대해 분석한 논의들에 의하면, 이러한 중첩된 상황에서 행위자들의 지속적인 활동은 관계 강화의 현상으로 이어지고 있다. 또한 사이버 공간에서 보다 많은 사회자본을 창출하기 위해서는 실명 회원으로 가입을 해야 한다. 조사결과에 의하면, 본인이 속한 온라인 집단이 회원제라는 응답은 70.3%로 가장 높았다([그림 4-5]).

[그림 4-5] 사이버 공간에서의 회원제

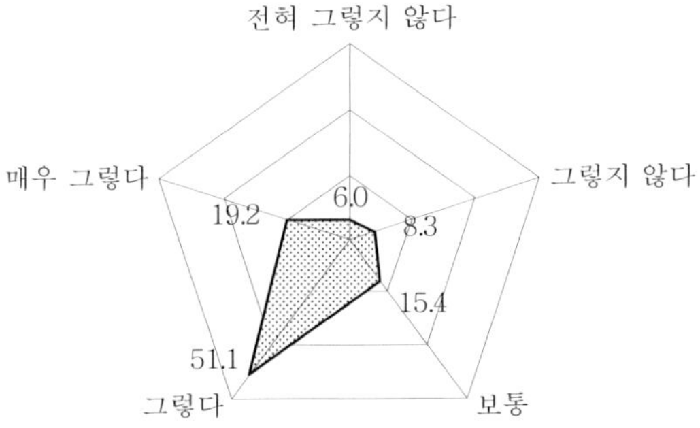

1) 온라인네트워크의 전반적인 성격

온라인네트워크의 속성을 조사해본 결과([그림 4 - 6]), 회원들이 지켜야 할 규칙(매우 - 거의 그렇다49.5%, 보통이다 31.8%)이 대부분 존재하고 있는 것으로 나타났다. 그리고 규칙을 따르지 않으면 제재를 받을 가능성에 대해서는 거의 - 전혀 그렇지 않다 44.9%, 매우 - 거의 그렇다 28.6%, 보통이다 26.5%로 나타났다.

그리고 회원들 사이에 지켜야 할 규범과 규칙은 강제적이지는 않았지만(전혀 - 거의 그렇지 않다 55.1%, 보통이다 31.4%, 매우 - 거의 그렇다 13.5%), 회원들 사이에 지켜야 할 암묵적인 관행은 어느 정도 존재하는 것으로 나타났다(매우 - 거의 그렇다 33.8%, 보통이다 33.4%, 전혀 - 거의 그렇지 않다 32.8%).

[그림 4 - 6] 온라인네트워크의 전반적인 성격

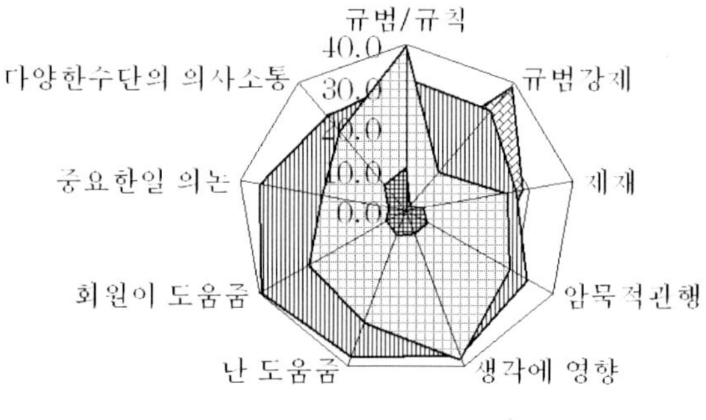

그리고 회원들은 서로의 생각에 영향을 미치고 있는 경우에 대해서는 매우 - 거의 그렇다 44.5%, 보통이다 37.0%, 전혀 - 거의

그렇지 않다 18.5%의 순으로 나타났으며, 회원들 간에 이메일뿐만
아니라 전화나 우편, 대화 등을 통해 의사소통을 한다는 응답에서
는 전혀-거의 그렇지 않다 37.5%, 매우-거의 그렇다 32.9%, 보
통이다 29.6%로 나타났다.

또한 사이버 공간에서 회원들 간에 도움을 주고받는 상황에 대
해서는 회원들이 어려운 일에 처해 있을 때 도움을 주겠다는 답변
에는 보통이다 37.7%, 매우-거의 그렇다 35.2%, 전혀-거의 그
렇지 않다 27.2%, 그리고 자신이 어려운 일에 처했을 때 회원이
도움을 줄 것이라는 응답에서는 보통이다 39.2%, 매우-거의 그렇
다 31.9%, 전혀-거의 그렇지 않다 28.8%의 순으로 나타났다.

그리고 회원들 간에 직접 볼 수는 없지만 자신의 중요한 일이나
문제를 마음 놓고 이야기 하느냐의 응답에서는 전혀-거의 그렇지
않다의 경우가 40.3%로 많았으며, 보통이다 35.5%, 매우-거의 그
렇다 24.2%의 순으로 나타났다.

[그림 4-7] 온라인네트워크의 전반적인 성격에 대한 평균

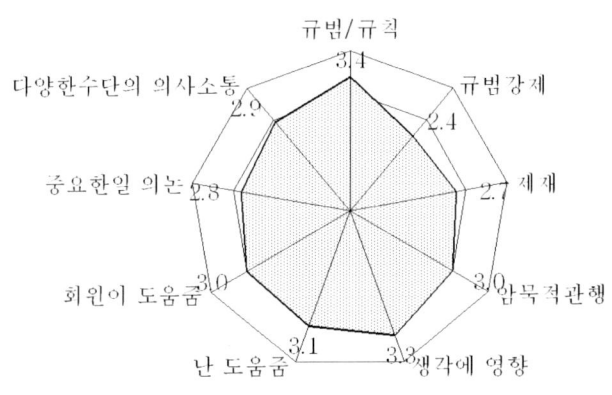

주: 전혀 그렇지 않다 1점에서 매우 그렇다 5점

따라서 전반적이지는 않지만 보통 온라인네트워크에서는 지켜야 할 규칙과 규범이 존재하며 이런 규칙과 규범은 강제적이지는 않지만 내부적으로 지켜야 할 관행이 있는 것으로 나타났다. 대체로 규칙과 규범이 강제적이라고 느끼지 않는 이유는 사이버 공간에서 규칙과 규범의 파괴가 오프라인에서처럼 법적조치 등 강력한 처벌을 받기보다는 운영진에 의해 강제탈퇴(강퇴) 당하거나 작성한 글들이 삭제되는 등의 제재나 관행에 의해 통제되기 때문이다. 따라서 암묵적인 관행과 제재가 다소 있는 것으로 보인다. 그리고 회원들 간에는 서로의 생각에 영향을 줄 뿐만 아니라, 대체로 타인에게 도움을 주고자 함을 알 수 있다.([그림 4-7]).

따라서 본 저서는 대체로 행위자들이 회원제의 과정을 거치고 있으며, 규칙과 규범 및 관행에 근거한 활동을 하고 있는 것으로 나타났다. 또한 회원들 간에 도움을 주고받으면서 서로의 생각에 영향을 미치고 있다는 점에서 오프라인상에서 폐쇄성과는 다른 속성의 폐쇄적 작용이 이루어지고 있다고 본다.

나아가 본 저서는 보다 약한 연대에서 강한 연대로의 발전 속에서 어떠한 관계의 속성이 사회자본의 형성과 활용에 영향을 미치고 있는지를 살펴보고자 한다.

2) 온라인네트워크 구조

행위자들은 어떠한 네트워크 내에서 사회자본의 형성과 활용을 용이하게 하는가. 행위자들은 개인들 간에 정서적인 감정을 나누는 일에 더 중점을 둠으로써 상호작용을 강화하거나 혹은 규범이나 규칙에 근거한 관계를 발전시킴으로써 사회자본의 획득을 용이하게 할 것이다.

본 저서는 확인적 요인분석을 통해 사람들 간의 정서적 관계를 중심으로 하는 네트워크와 규범·규칙에 따른 역할 간의 관계에 기초한 규칙 중시의 네트워크로 구분하고자 한다.

온라인네트워크 대한 확인적 요인분석의 결과에 의하면 각 문항들의 요인 부하치는 .40 이상의 값으로 모든 문항들이 대항 요인에 적합하게 부하되고 있음을 보여주고 있다.

[그림 4-8]에 의하면 사람들 간의 정서를 중심으로 구성된 네트워크의 측정지표는 회원들 간에는 서로의 생각에 영향을 준다. 회원들과 다양한 수단(이메일, 전화, 우편, 대화 등)을 통해 의사소통을 한다. 사이버 공간에서 회원들이 어려운 일에 처했을 때 나는 도움을 준다. 내가 사이버 공간에서 어려운 상황에 처했을 때 회원들이 도움을 줄 것이다. 중요한 일이나 문제를 회원들과 마음 놓고 말할 수 있다로 구성되었다.

그리고 규범에 따른 역할 간의 관계를 발전시키는 규범 중시 네트워크를 측정하기 위해서 회원들이 지켜야 할 규칙이 있다, 규칙·규범이 강제적인 편이다. 사람들이 지켜야 할 암묵적인 관행이 있다. 규칙을 따르지 않으면 제재를 받기도 한다 등의 측정 문항으로 구성하였다.

[그림 4-8] 네트워크에 대한 확인적 요인분석

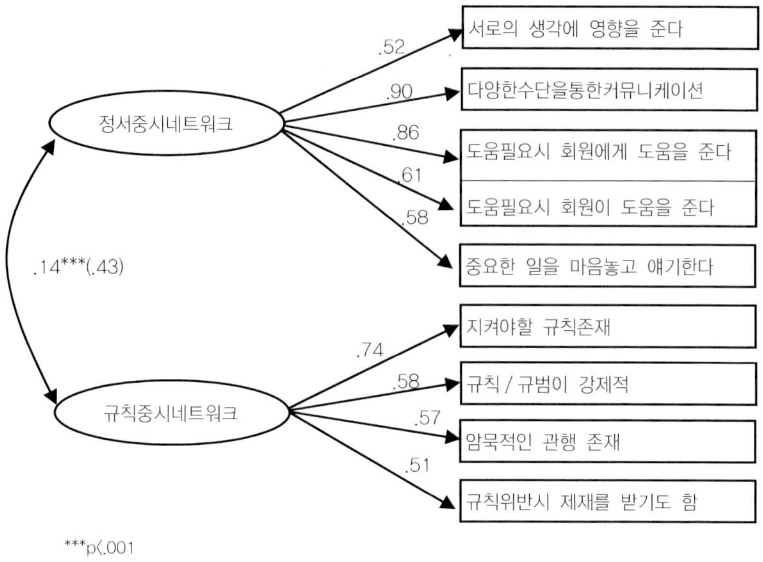

***p<.001

[그림 4-8]의 모형에서 정서 중시 네트워크와 규칙 중시 네트워크는 높은 관계가 있는 것으로 나타났다. 규칙 중시 네트워크와 정서 중시 네트워크 간의 공분산 경로계수는 0.14, t값 6.24(p=0.000)로 유의확률 0.01보다 작으므로 공분산이 존재하며, 상관계수 값도 0.3 이상이므로 두 요인 간에는 관계가 있는 것으로 나타났다.

4. 행위자들의 접근 동기와 온라인네트워크 선택

여기서는 행위자들의 온라인 접근 동기에 따라 어떠한 네트워크가 선호되고 있는지를 분석하고자 한다. 행위자들이 온라인에 접근한 동기에 따라 정서적 감정을 교환할 수 있는 관계를 선호할 것인지, 아니면 관계 내 안정성을 확보해 주는 규칙 중시의 관계망을 선호할 것인지를 분석하고자 한다.

<표 4-4>에서 나타나듯이 행위자의 온라인 접근 동기와 온라인네트워크 선택에 대한 전체적인 구조모형을 검증한 결과 초기연구모형은 최적모형으로 판단하는 데 있어서 전반적으로 무리가 있는 것으로 나타났다. 여기서 전체모형의 적합도를 향상시키기 위해서 수정지수와 C. R. 값에서 유의수준이 유의미하지 않는 값을 제거하는 방법을 사용했다. 초기 연구모형을 검증한 수정모형의 결과에서 수정모형3이 GFI=1.00, AGFI=.99, RMR=0.00, NFI=1.00, CFI=1.00, X^2=0.81(p=0.37), AIC 값의 감소 등 접합지수를 획득하고 있다. 따라서 수정모형 3을 최적모형으로 채택했다.

〈표 4-4〉 접근 동기와 온라인네트워크 선택에 대한 모형의 적합도 평가

모형	GFI	AGFI	RMR	NFI	CFI	AIC	X^2	p
초기연구모형	.89	.58	.09	.36	.35	207.59	185.59	.00
수정모형 1	.91	.56	.08	.52	.51	163.67	139.67	.00
수정모형 2	.98	.74	.03	.90	.90	56.11	28.11	.00
수정모형 3	1.00	.99	.00	1.00	1.00	28.81	.81	.37

수정모형 3을 최종모형으로 채택한 결과, <표 4-5>와 [그림 4-9]에 의하면 생활의 편리를 위한 동기는 규칙 중시 네트워크에 정(+)의 영향을 미치고 있으며, 관계유지 및 형성의 동기는 정서중시 네트워크에 (+)의 영향을 미치고 있음을 알 수 있다. 그리고 정서적 만족의 동기는 어떠한 네트워크에 대해서도 의미 있는 영

향을 주지 않는 것으로 나타났다.

이러한 결과에 의하면, 규칙 중시 네트워크에는 행위자들의 도구적 동기가 중요한 영향을 미칠 가능성이 높은 것으로 나타났다. 그리고 정서 중시 네트워크에는 관계유지 및 형성이라는 표출적 동기가 중요한 영향을 미치고 있다는 것을 알 수 있었다. 정서 중시 네트워크와 규칙 중시 네트워크 간에는 상호관계가 있는 것으로 나타났다.

〈표 4-5〉 접근 동기와 온라인네트워크 간의 관계분석 결과

경 로		경로계수	표준편차	C.R.(t값)
생활의 편리 ➡ 정서 중시 네트워크		−0.083	0.043	−1.921
생활의 편리 ➡ 규칙 중시 네트워크		0.129	0.045	2.887**
관계유지 및 형성 ➡ 정서 중시 네트워크		0.346	0.039	8.927***
관계유지 및 형성 ➡ 규칙 중시 네트워크		0.061	0.039	1.562
정서적 만족 ➡ 정서 중시 네트워크		0.05	0.046	1.085

**p〈.01, *** p〈.001

[그림 4-9] 접근 동기와 온라인네트워크 선택에 대한 수정모형

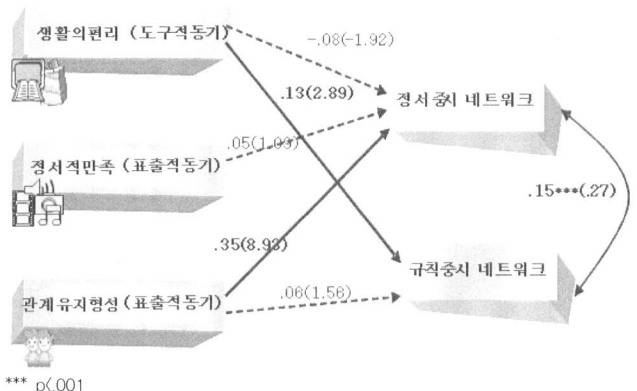

*** p〈.001
주: 경로계수, 괄호는 t값, 실선은 α=0.05에서 유의한 경로를 나타냄

결국 사이버 공간에서는 일반적으로 도구적 동기가 강할수록 규칙 중시의 네트워크를 중요하게 생각할 가능성이 높으며, 표출적 동기가 강할수록 정서 중시 네트워크를 더 중시할 가능성이 많다는 것을 알 수 있었다. 그리고 정서 중시 네트워크와 규칙 중시 네트워크가 서로 상호 영향을 주고받는 관계임이 나타나고 있다.

정서적 만족의 동기는 어떠한 네트워크도 선호하지 않았는데, 이것은 행위자들이 사이버 공간에서 여가나, 재미 혹은 흥미를 위해서는 타인과의 관계나 규칙보다는 혼자 즐기기 위한 경향이 크고, 타인과의 관계는 일시적인 만남으로 끝나는 경우가 많기 때문에 사람들과의 지속적인 관계를 특징으로 하는 어떤 특정한 네트워크도 선택하지 않는 것으로 보인다.

따라서 행위자의 접근 동기는 온라인네트워크의 선택에 정(+)의 영향을 미친다는 가설 1은 채택되었다. 그러나 세부적 가설 중 표출적 동기는 정서 중시 네트워크의 선택에 정(+)의 영향을 미칠 것이라는 가설 1-1은 부분적으로 채택되었다. 즉 표출적 동기 중 관계유지 및 형성의 동기만이 정(+)의 영향을 미치고 있었을 뿐, 정서적 만족의 동기는 어떠한 네트워크에도 유의미한 경로를 보이지 않았다. 그리고 도구적 동기는 규칙 중시 네트워크의 선택에 정(+)의 영향을 미칠 것이라는 가설 1-2도 채택되었다.

5. 사이버 공간의 사회적 네트워크에 대한 사례분석

행위자의 접근 동기는 온라인네트워크의 선호에 영향을 미치고 있었으며 정서 중시 네트워크와 규칙 중시 네트워크 간에는 상관관계가 있는 것으로 나타났다. 본 저서는 사례분석을 통해 이에 대한 내용을 보충하고자 한다.

본 저서에서 oo카페는 "최근, 최신의 토익과 취업 정보를 한꺼번에!!"라는 소개 글에서 나타나듯이 정보와 지식의 획득이라는 도구적 동기에 의해 선택되는 사례이다. 그리고 싸이월드의 '미니홈피'는 조사대상자들의 응답에서 나타나듯이 '인간관계를 돈독히 하기 위해서' 즉 관계형성과 확장이라는 표출적 동기에 의해 선택되는 사이트로 분석하고자 한다.

oo카페와 싸이월드의 '미니홈피'는 모두 서비스 약관 및 개인정보보호정책의 동의를 통한 회원가입이 원칙이다. 카페에 가입하기 위해서는 우선 Daum에 가입하는 절차를 거쳐야 하며 oo카페에서 다양한 정보를 교환하고 공유하기 위해서는 다시 카페 회원으로 가입해야 한다. 가입절차는 간편하지만 특히 자신의 토익 최고 점수를 기입하게 함으로써 회원가입에 특정한 제한을 두고 있다. 그리고 미니홈피는 개인정보 보호를 위해 실명제를 기반으로 한 회원가입을 원칙으로 하고 있다.

[그림 4-10] 도구적 동기와 네트워크(oo카페)

신입회원들에게 원활한 활동을
위한 규칙을 제시함

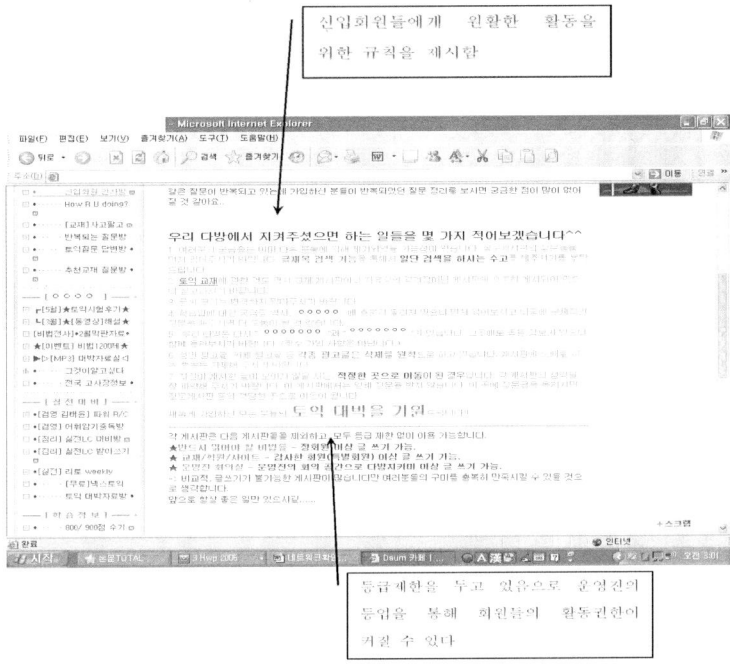

등급제한을 두고 있음으로 운영진의
등업을 통해 회원들의 활동권한이
거질 수 있다

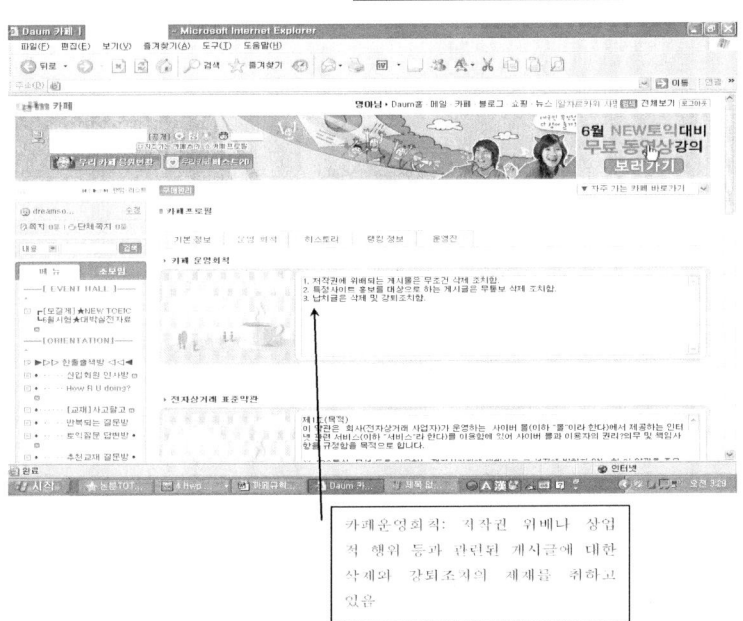

카페운영회칙: 저작권 위배나 상업
적 행위 등과 관련된 게시글에 대한
삭제와 강퇴조치의 체제를 취하고
있음

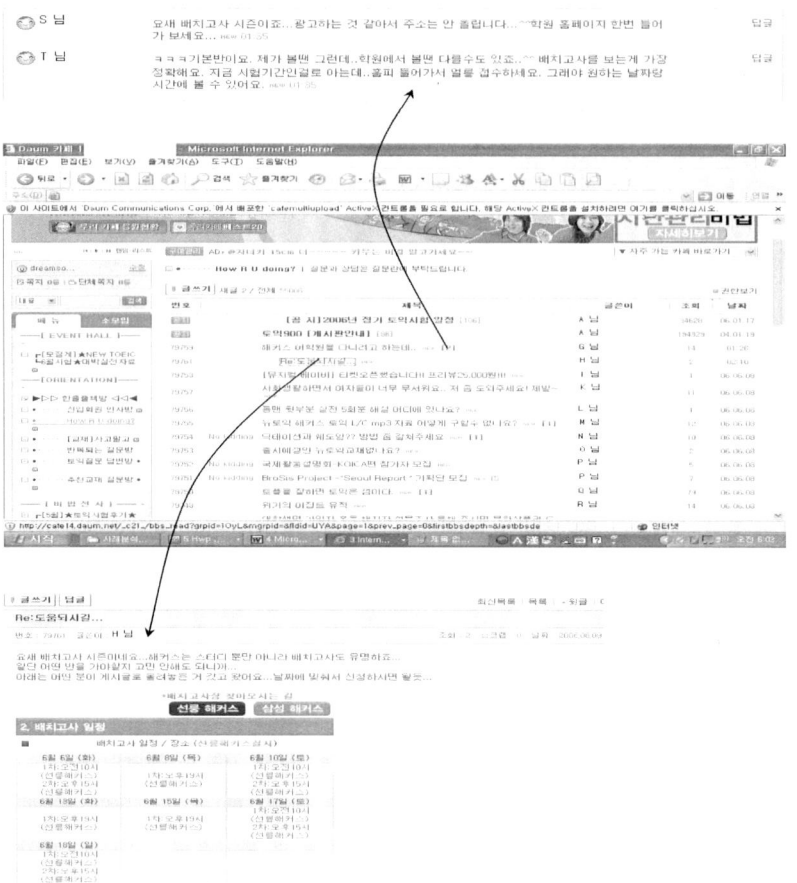

[그림 4 - 10]에서 나타나듯이 oo카페는 게시판을 이용한 정보교환 및 확장이 이루어지고 있기 때문에 신입회원들이 게시판을 이용하는 데 있어서 몇 가지 규칙들을 지킬 것을 요구하고 있다. 그리고 등급제한을 통해 게시판 이용을 통제하고 있다. 따라서 회원들은 업그레이드(등업)가 되어야만 게시판 쓰기가 수월해지기 때문에 운영진에 의한 회원들의 업그레이드(등업)는 중요한 과정이다. 또한 카페 자체의 운영회칙에 의하면 상업적인 글이나 저작권에

위배되는 글에 대해서는 운영진에 의해 삭제될 뿐만 아니라 강제로 퇴출(강퇴)되는 제재를 두고 있다. 그리고 회원들 자체 내에서 비방적인 글이나 상업적인 글에 대해서는 실명제를 원하거나 운영진에게 삭제해 줄 것을 요구하기도 했다.

oo카페에서는 게시판에 글을 올려서 정보를 획득하고 교환하고 공유하고 있다. 이 과정에서 회원들은 정보획득에 대한 도움을 요구하는 글을 올리게 되며, 이에 대해 다른 회원들이 댓글을 달아줌으로써 도움을 주고 있다. 이때 댓글에 대한 댓글을 함으로써 서로의 생각에 지지를 보내거나 반대의 입장을 논하기도 한다.

'미니홈피'는 서로의 생각과 안부를 확인하고 도움을 주고받으면서 정서적인 교류가 이루어지는 공간이다. [그림 4 − 11]에서 나타나듯이 자신의 상태나 주변상황에 대해 알리기가 가능하고, 파도타기를 통해 관계를 유지하거나 또는 확장하는 등 관계 강화를 중심으로 활용되고 있다. 따라서 이 과정에서 문제가 되는 개인정보나 사생활에 대한 보호가 중요하게 되었으며, 미니홈피의 주인장은 스스로의 사생활을 보호하는 기능들을 선택적으로 작동시킬 수 있다.

사생활보호기능은 랜덤 미니홈피 가기, 클럽 채널, 내가 속한 클럽에 노출되는 것이 싫거나 잘 모르는 클럽으로부터의 초대나 뉴스레터가 수신되는 것이 싫다면 비공개를 하면 된다. 또한 댓글쓰기 권한을 제한하거나 스크랩을 허용하지 않는 것으로 설정하면 된다. 그러나 이러한 규정들이 제재나 관행적인 통제나 강제성을 띠지는 않는다. 따라서 미니홈피에서는 주인장이 싫어할 경우에만 즉 선택적으로 비공개를 하기만 하면 된다.

[그림 4-11] 표출적 동기와 네트워크(싸이월드의 미니홈피)

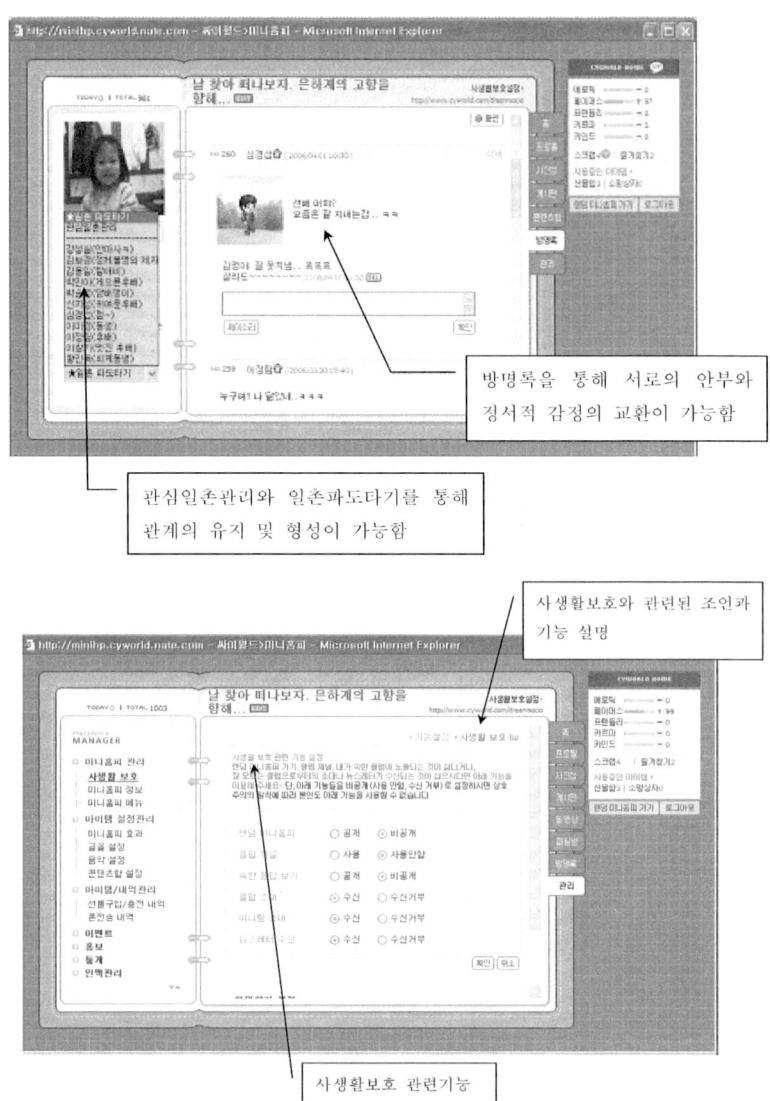

사례분석에서 나타나듯이 어떠한 동기에서든지 회원가입이라는
이용약관이라는 규칙에 동의를 함으로써 규범적 역할에 참여하게

된다. 다만 행위자의 접근 동기에 따라 규칙을 중시하거나 또는 상호관계의 강화를 중시하는 경우가 발생하는 것이다. 그리고 행위자들 간의 관계형성 과정을 거치기 때문에 규칙 중시 네트워크와 정서 중시 네트워크 간에 어느 정도의 상관관계가 존재하는 것으로 보인다.

6. 온라인네트워크의 특징

행위자들은 사이버 공간에서 접근 동기부여를 통해 다양한 관심을 표현하고 있으며, 그 접근 동기를 달성하기 위해 적합한 네트워크를 선택하고 형성해 가고 있었다. 본 저서는 행위자들이 규칙에 따른 역할에 기초하여 관계를 발전시키려는 성향이 강한지, 아니면 정서적 감정을 교환하여 상호작용을 강화시키려는 성향이 강한지에 따라 규칙 중시 네트워크와 정서 중시의 네트워크로 구분하였다. 그러나 이 네트워크들은 서로 따로 구분되어 있다기보다는 규칙차원과 정서차원 간의 교차관계 속에서 형성된 것임을 알 수 있었다.

온라인네트워크 내에서 행위자들은 어떠한 동기의 접근을 시도하든지 간에 회원가입과 이용약관 등의 규칙들에 동의해야 한다. 왜냐하면 이러한 과정을 거쳐야 온라인 접근 동기를 달성하기 위한 안정성과 관계발전의 기회를 제공해 줄 수 있는 네트워크를 확보할 수 있기 때문이다.

여기서 행위자들은 지식과 정보를 확장하기 위해서는 다양한 사람들의 관계를 통제할 수 있는 규범이나 규칙을 중시하는 관계망을 선호할 것이다. 그리고 사람들 간의 정서적·감정적 교환을 통한 관계 맺기의 동기하에서는 사람들 간의 정서적 교류가 잘 이루어지고 있는 네트워크를 선호할 것이다. 즉 어떤 조건에서 어떤 목적으로 접근하느냐에 따라 규칙을 기반으로 하는 활동 혹은 정서적 상호관계를 기반으로 하는 활동으로 발전하게 된다.

본 저서에 의하면, 행위자들은 사이버 공간에서 자신이 소유하고 있는 감정적이고 정서적인 자원 중 관계유지 및 형성을 위해서는 정서 중시의 네트워크를 선호하고 있으며, 자신이 소유하고 있지 않은 새로운 자원을 획득하기 위해서는 규칙 중시 네트워크를 선호하고 있는 것으로 나타났다.

행위자들이 자원과 정보 획득의 가능성을 높이고 생활의 편의와 일상생활의 정보를 획득하기 위해 규칙 중시 네트워크를 선택한 것은 바로 규범에 따른 역할과 역할의 관계에 기초한 자원의 안정성 확보 때문인 것으로 보인다(Coleman, 1988, 1990: Putnam, 2000: Kadushin, 2004). 즉 도구적 동기는 성격상 자원의 안정성과 믿을 수 있는 자원이어야 한다는 정확도가 확보되어야 하기 때문이다. 그리고 정서 중시 네트워크를 선호하는 이유는 사람들의 정서적인 상호작용의 강화는 사람들 간의 정서적 감정의 교류 속에서 행위자들이 관계를 유지하고 형성하는 데 기반을 두고 있기 때문인 것으로 보인다(Lin, 2001: 149: Homans, 1950: Lazarsfeld and Merton ,1954: Laumann, 1966).

분석결과, 온라인네트워크는 규칙에 따른 네트워크와 정서에 의한 네트워크를 형성하고 있는 것으로 나타났다. 그러나 이러한 관계망이 이분법적으로 구분되어 있다기보다는 서로 영향을 주고받는 것으로 나타났다. 다만 행위자가 어떠한 의도에서 무엇을 선택하느냐에 따라 관계의 속성이 더 강화되고 있었다.

제5장 사이버 공간에서의 사회자본의 창출 및 활용의 정도

사이버 공간에서의 사회자본에 대한 논의들은 사회자본 증가·감소·보완에 대한 논쟁들이다. 사회자본의 증가에 대한 논의들은 대부분이 인터넷의 특성과 관련하여 사이버 공간에서 사회자본의 형성이 가능할 뿐만 아니라 증가되고 있다는 점을 강조한다. 이러한 논의에서 다루고 있는 사회자본이란 신뢰, 규범, 수평적 네트워크, 호혜성, 공동체 참여, 연대 등이다. 온라인은 이러한 사회자본 획득의 기회를 제공하고 있으며, 나아가 대면적 만남을 통해 더욱 강화될 것이라고 주장하고 있다.

반면, 사회자본 감소에 대한 주장에 의하면, 온라인과 오프라인 간의 구분을 명확히 하고 있는 것으로 보인다. 오직 현실세계에서만이 사회자본의 획득이 가능한 것이지 사이버 공간에서는 사회자본 형성이 어렵다고 보고 있다. 그 이유는 이들이 규정하고 있는 사회자본은 오프라인이라는 강한 연대 즉 면대면의 관계 속에서 형성되는 것으로 규정하고 있기 때문이다. 즉 이들은 사이버 공간에서의 활동으로 인해 면대면 만남과 관계의 상실, 개인화, 고립화, 기존 공동체 의미 쇠퇴, 가족 및 친구와의 관계 소홀 등 전반적인 사회적 연대와 네트워크가 감소된다는 점에 초점을 맞추고 있다.

다음으로 온라인－오프라인 간의 상호교류 매개로서의 사회자본을 분석하고 있는 논의들은 사이버 공간에서의 활동은 오프라인 의사소통에 새로운 소통양식의 추가일 뿐이라고 주장한다. 인터넷은 친구, 친척과 교제하는 의사소통 수단일 뿐이다. 사이버 공간은 행위자들 간의 관계유지에 도움을 주고 있으며 이것은 사회자본의 보충이라는 의미로 해석되고 있다. 따라서 사이버 공간에서의 사회자본이 증가 또는 감소한다고 단언할 수 없게 된다.

이상의 논의와 같이 사이버 공간의 기술적인 특징만을 가지고 사회자본의 성공여부를 논의할 수는 없으며, 또한 오프라인이라는 강한 연대의 사회자본만을 가치 있는 것으로 치부할 수도 없다. 그리고 사이버 공간에서 형성된 사회자본은 오프라인상에서 사회적 관계에 기여하기도 하지만 오프라인과는 다른 새로운 사회적 관계를 형성하고 강화하고 있다는 점에서 보충의 역할만 하는 것으로 볼 수도 없다.

사이버 공간에서 형성되는 사회자본에 대한 평가를 하는 데 있어서 오프라인에서 형성되는 사회자본의 평가기준을 적용하는 것은 무리가 있다(Sander, 2005). 사이버 공간에서의 사회자본에 대한 평가는 강화되느냐 쇠퇴하느냐의 평가보다는 어떠한 경로와 선택에 따라 어떠한 형태들을 지닐 수 있는지에 대한 평가가 오히려 중요할 것이다.

본 저서는 단순히 사이버 공간에서 사회자본이 증가했다, 감소했다 또는 보충의 역할을 한다는 논리보다는 사이버 공간에서 사회자본이라는 것이 네트워크의 속성, 네트워크 내에서의 행위자들의 의도적 행위에 의해 어떻게 다양하게 나타나는지를 알아보고자 한다.

1. 사이버 공간에서의 사회자본

행위자들이 사이버 공간에 접근한 동기를 어느 정도 달성하고 있는지에 대해 질문한 결과는 다음과 같다.

[그림 5-1] 온라인 접근 목적 달성 정도

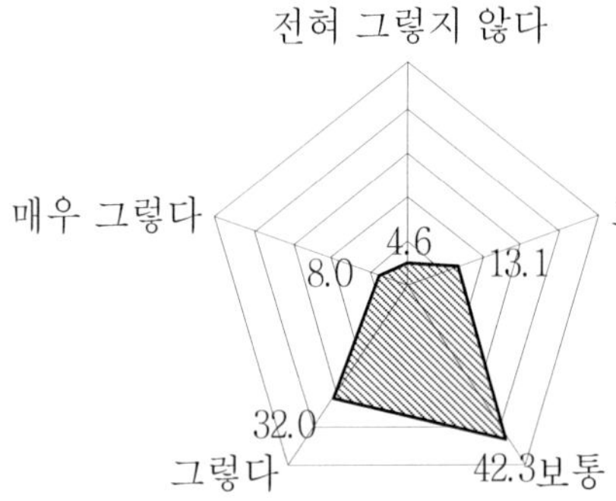

전혀 그렇지 않다

매우 그렇다

그렇지 않다

8.0   4.6   13.1

32.0

그렇다   42.3보통

[그림 5-1]에 의하면, 보통이다가 42.3%, 매우-거의 달성하고

있다는 응답은 40.0%, 전혀 – 거의 그렇지 않다는 17.7%의 순으로
나타났다. 따라서 행위자들은 대체로 온라인에 접근하여 자신들이
새로이 획득하고자 하거나 또는 유지하고자 하는 자원들을 획득하
고 있는 것으로 보인다.

1) 사이버 공간에서 획득한 전반적인 혜택

행위자들이 온라인네트워크에서 획득한 자원의 정도를 살펴보면
([그림 5 – 2]), 우선 자신이 얻고자 하는 전문정보(지식, 쇼핑, 오
락, 전반적인 생활정보 등)를 어느 정도 획득하고 있느냐에 대한
질문에 대해서 매우 – 거의 획득하고 있다 49.5%, 보통이다 34.8%,
전혀 – 거의 그렇지 않다 15.7%로 나타났다. 그리고 자신의 관심분
야에 대해서 회원들끼리 서로 전문적인 이야기를 나누고 있는지에
대해서는 매우 – 거의 그렇다 42.2%, 보통이다 36.7%, 전혀 – 거의
그렇지 않다가 21.2%의 순으로 나타났으며, 행위자들이 정보 확장
의 차원에서 정보를 획득할 뿐만 아니라 자신이 알고 있는 정보도
제공하면서 보람도 느끼고 있다는 응답에는 매우 – 거의 그렇다
42.3%, 보통이다 38.3%, 전혀 – 거의 그렇지 않다 19.4% 순이었다.

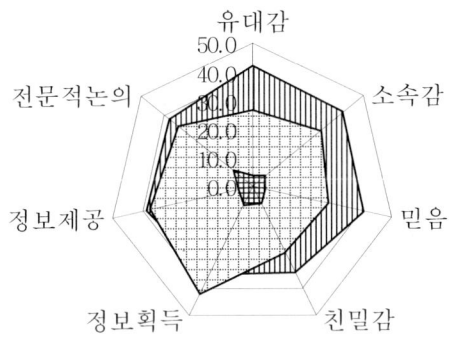

[그림 5-2] 사이버 공간에서의 혜택

□거의 그렇지 않다 ☒그렇지 않다 ▥보통이다 ▢그렇다 ⊞매우 그렇다

그리고 서로 친밀감을 느낄 수 있는 친구가 생겼는지에 대해서는 전혀-거의 그렇지 않다 34.0%와 보통이다 33.4%로 미세한 차이를 보이고 있으며, 매우-거의 그렇다도 32.3%로 큰 차이를 보이지 않았다. 그리고 회원들과의 교류를 통해 생각과 감정을 공유하면서 강한 유대감을 느끼고 있다는 응답에는 42.0%가 보통이다고 응답했으며 30%가 매우-거의 그렇다, 28.0%가 거의-전혀 그렇지 않다고 응답했다. 소속감을 느끼는 경우, 보통이다 41.0%, 매우-거의 그렇다 36.3%, 전혀-거의 그렇지 않다 22.7% 이었으며 회원들 간에 서로 믿는 편이다에 대해서는 보통이다 40.1%, 매우-거의 그렇다 31.4%, 전혀-거의 그렇지 않다 28.5%의 순으로 나타났다.

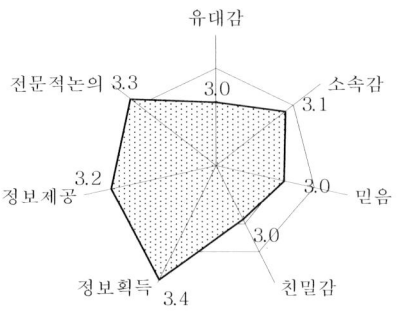

[그림 5-3] 사이버 공간에서의 혜택에 대한 평균

주: 전혀 그렇지 않다 1점에서 매우 그렇다 5점

[그림 5-2]와 [그림 5-3]에 의하면 행위자들은 사이버 공간에서 정보획득이나 정보제공 및 정보에 대한 전문적인 논의에 있어서는 상당한 혜택을 얻고 있는 것으로 나타났다. 그리고 회원들 간의 믿음, 유대감, 소속감의 형성에 있어서는 어느 정도의 혜택을 획득한 것으로 보인다.

2) 사이버 공간에서 획득한 사회자본의 분류

오프라인과 온라인에서 분석한 사회자본이란 신뢰, 협력, 상호성 증진, 정보제공과 수렴, 연계, 친밀감, 신뢰형성, 연대, 믿음, 의사교환, 호혜성, 친분 네트워크 등으로 측정되고 있다. 따라서 본 저서는 온라인네트워크에서 행위자들 간의 상호작용에 의해 주고받는 정신적·물질적 혜택이나 보상을 사회자본으로 정의하였다.

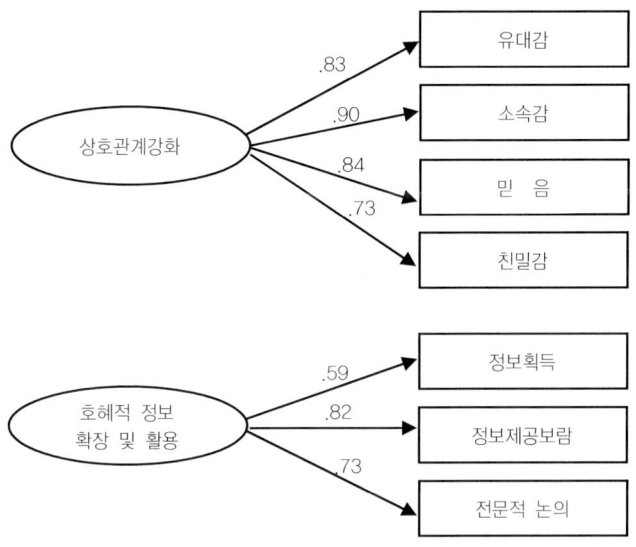

[그림 5-4] 사회자본에 대한 확인적 요인분석

본 저서는 행위자들이 사이버 공간에서 획득한 사회자본에 대한 확인적 요인분석을 통해 사이버 공간에서 획득된 사회자본을 분류하였다. 사회자본에 대한 확인적 요인분석의 결과에 의하면 각 문항들의 요인 부하치는 .40이상의 값으로 모든 문항들이 대항 요인에 적합하게 부하되고 있음을 보여주고 있다([그림 5-4]).

확인적 요인분석에 의하면 사회자본은 첫째, 상호관계 강화의 요인으로 행위자들 간의 결속과 연대의 강화 및 신뢰 형성에 영향을 주는 유대감, 소속감, 믿음, 친밀감으로 측정되었으며, 둘째 서로 특별한 편익을 주고받음으로써 생성되는 호혜적 정보 확장 및 활용의 요인으로는 전문적인 정보 획득과 제공뿐만이 아니라 서로 간에 공유하는 정도로 측정되었다.

여기서 상호관계 강화의 요인은 행위자가 이미 소유하고 있는 자원을 강화하는 것으로서 표출적 사회자본이며, 호혜적 정보 확장 및 활용의 요인은 행위자가 소유하고 있지 않은 자원의 확장과 활용으로서 도구적 사회자본이라고 할 수 있다.

2. 사이버 공간에서의 접근 동기와 온라인네트워크의 결합에 따른 사회자본 창출

표출적 동기에 의한 행위는 표출적 보상을, 그리고 도구적 동기에 의한 행위는 도구적 보상의 가능성을 강화한다. 따라서 표출적 보상은 결국 개인의 웰빙을 좋아지게 할 것이며, 도구적 보상은 개인의 목적적인 행동의 산물을 좋게 할 것이다. 그리고 다양한 접근 동기에 따른 행위가 성공적으로 이루어진다면 긍정적인 사회자본의 획득이 가능해질 것이다.

〈표 5-1〉 사이버 공간에서의 접근 동기와 온라인네트워크의 결합에 따른
사회자본 창출에 대한 모형의 적합도 평가

모 형	GFI	AGFI	RMR	NFI	CFI	AIC	X^2	p
초기연구모형	.94	.80	.05	.87	.87	180.17	140.17	.00
수정모형 1	.96	.83	.05	.90	.91	141.64	99.64	.00
수정모형 2	1.00	.96	.01	.99	.99	58.61	8.61	.03

행위자의 접근 동기와 사회자본 창출 관계에 대한 전체적인 구조모형을 검증한 결과(<표 5-1>), 초기연구모형은 GFI, RMR의 값을

제외하고는 적합한 모형으로 판단하는 데 문제가 있다. 전체모형의 적합도를 향상시키기 위해서 수정지수(M.I: Modification Indicex)와 C. R. 값에서 유의수준이 유의미하지 않는 값(C. R. 값이 1.96보다 작은 값)을 제거하는 방법을 사용한 결과 수정모형 1, 2를 획득하였고, 수정모형 2의 결과 카이자승 값을 제외하고는 GFI=1.00, AGFI=0.96, RMR=0.01, NFI=0.99, CFI=0.99, AIC 값의 감소 등 적합지수를 획득하고 있다. 따라서 수정모형 2를 최적모형으로 채택하였다.

〈표 5-2〉 사이버 공간에서의 접근 동기와 온라인네트워크의 결합에 따른 사회자본 요인들 간의 요인분석 결과

경　로		경로계수	표준편차	C.R.(t값)
생활의 편리 →	정서 중시 네트워크	-0.084	0.043	-1.954
생활의 편리 →	규칙 중시 네트워크	0.124	0.045	2.759**
정서적 만족 →	정서 중시 네트워크	0.062	0.048	1.293
정서적 만족 →	규칙 중시 네트워크	0.045	0.050	0.904
관계유지 및 형성 →	정서 중시 네트워크	0.344	0.039	8.828***
관계유지 및 형성 →	규칙 중시 네트워크	0.050	0.041	1.222
정서 중시 네트워크 →	상호관계강화	0.733	0.030	24.096***
규칙 중시 네트워크 →	호혜적 정보확장 및 활용	0.103	0.036	2.899**
규칙 중시 네트워크 →	상호관계강화	0.019	0.029	0.643
정서 중시 네트워크 →	호혜적 정보확장 및 활용	0.360	0.037	9.724***
생활의 편리 →	호혜적 정보확장 및 활용	0.248	0.037	6.699***
관계유지 및 형성 →	호혜적 정보확장 및 활용	-0.044	0.035	-1.236

** $p < .01$, *** $p < .001$

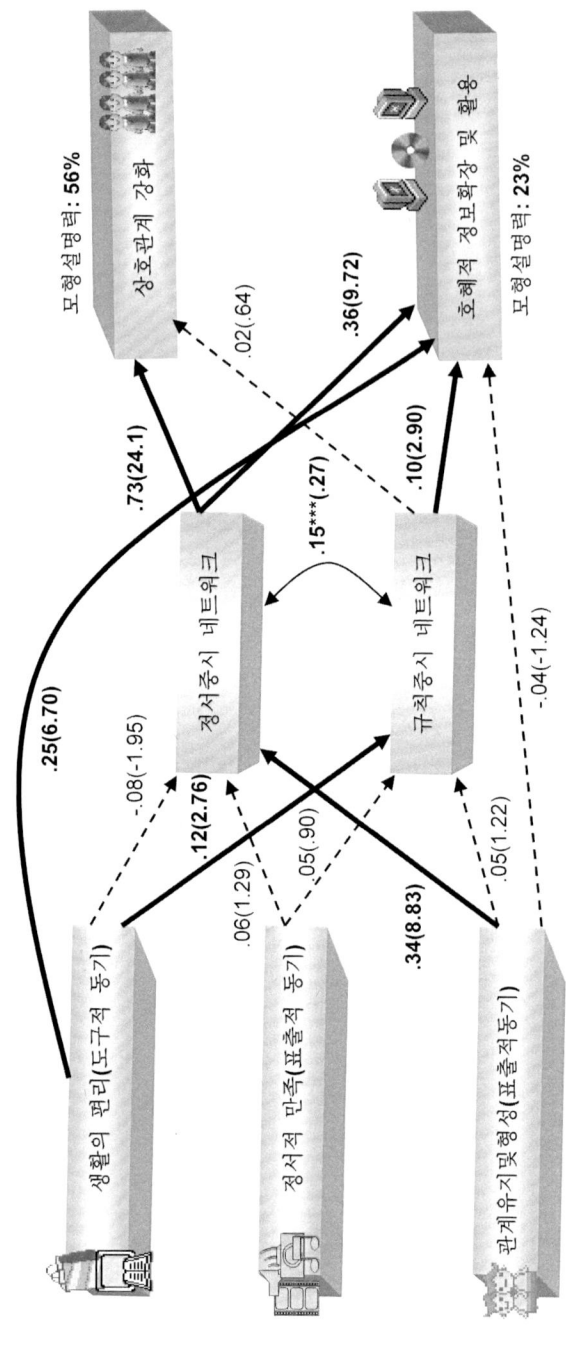

[그림 5-5] 사이버 공간에서의 접근 동기와 온라인네트워크의 결합에 따른 사회자본 창출에 대한 수정모형

모형설명력: 56%

상호관계 강화

모형설명력: 23%

호혜적 정보확장 및 활용

.02(.64)

.36(9.72)

.73(24.1)

.15***(.27)

.10(2.90)

정서증진 네트워크

규적증진 네트워크

.25(6.70)

-.08(-1.95)

.12(2.76)

.06(1.29)

.05(.90)

.34(8.83)

.05(1.22)

-.04(-1.24)

생활의 편리(도구적 동기)

정서적 만족(표출적 동기)

관계유지 및 형성(표출적 동기)

***p<.001

주: 경로계수, 괄호는 t값, 실선은 α=0.05에서 유의한 경로를 나타냄

120

<표 5-2>와 [그림 5-5]는 사이버 공간에서의 접근 동기와 온라인네트워크의 결합에 따른 사회자본 창출에 대한 수정모형을 분석한 결과이다. 앞에서 분석한 바와 같이 생활의 편리를 위한 동기는 규칙 중시 네트워크와 호혜적 정보 확장 및 활용에 각각 정(+)의 영향을 주고 있으며, 관계유지 및 형성을 위한 동기는 정서 중시 네트워크에 정(+)의 영향을 주고 있다. 또한 정서 중시 네트워크는 상호관계 강화와 호혜적 정보 확장 및 활용의 사회자본에 각각 정(+)의 영향을 미치는 것으로 나타났다. 그리고 규칙 중시 네트워크는 호혜적 정보 확장 및 활용의 사회자본에 정(+)의 영향을 미치고 있으며, 정서 중시 네트워크와 규칙 중시 네트워크는 서로 상관관계가 있는 것으로 나타났다.

그리고 이들 변인들이 상호관계강화 총 변량의 56%를 설명하며, 호혜적 정보 확장 및 활용의 총 변량의 23%를 설명해 주고 있다. 이러한 결과는 도구적 동기의 의도가 높을수록 그리고 정서 중시 네트워크와 규칙 중시 네트워크를 선호할수록 호혜적 정보 확장과 활용이라는 도구적 사회자본의 획득에 영향을 미치게 되며, 정서 중시 네트워크를 선호할수록 상호관계 강화라는 표출적 사회자본을 획득할 가능성이 높다는 것을 나타내고 있다.

다음으로 총 효과의 측면에서 변인들의 상대적 중요성을 파악해 본 결과(<표 5-3>)에 의하면, 우선 호혜적 정보 확장 및 활용이라는 도구적 사회자본과 관련해서는 정서 중시 네트워크가 가장 많은 효과를 나타내고 있었으며, 그 다음으로 생활의 편리라는 도구적 동기와 규칙 중시 네트워크와 관계유지 및 형성의 요인이 영향을 미치고 있는 것으로 나타났다.

다음으로 상호관계 강화라는 표출적 사회자본에는 정서 중시 네트워크가 가장 많은 효과를 미치고 있으며, 그 다음으로 관계유지 및 형성이라는 표출적 동기와 생활의 편리라는 동기가 영향을 미치고 있는 것으로 나타났다. 여기서 수정모형에 의하면 관계유지 및 형성의 요인이 호혜적 정보 확장 및 활용의 요인과 상호관계 강화의 요인에 직접적인 효과는 미치지 않지만 구조적 연관경로를 통해서 간접적인 효과를 보이고 있는 것으로 나타났다.

관련 변인들이 각각의 사회자본 요인들에 미치는 경로를 파악하기 위해, 총 효과의 측면에서 사회자본에 대한 이들 변인들의 직·간접적인 효과를 세부적으로 살펴보고자 한다. 먼저 정서 중시 네트워크는 호혜적 정보 확장 및 활용이라는 도구적 동기에 직접적인 정(+)의 효과(.38)만 미치고 있으며, 생활의 편리라는 표출적 동기도 호혜적 정보 확장 및 활용이라는 도구적 사회자본에 직접적인 효과(.24)를 보이고 있다. 그리고 규칙 중시 네트워크도 직접적인 효과(.11)를 보이고 있다. 또한 간접효과에서는 관계유지 및 형성이라는 요인이 정서 중시 네트워크를 경유하여 간접적으로 호혜적 정보 확장 및 활용의 도구적 사회자본에 효과를 미치는 것으로 나타났다(.14).

다음으로 상호관계 강화라는 표출적 사회자본에 대한 경로를 보면, 정서 중시 네트워크가 직접적인 정(+)의 효과(.70)를 미치고 있으며, 간접적으로는 관계유지 및 형성 → 정서 중시 네트워크 → 상호관계 강화의 경로를 통한 효과(.25)를 보이고 있는 것으로 나타났다.

〈표 5-3〉 사이버 공간에서의 접근 동기와 온라인네트워크의 결합에 따른
사회자본 창출 관계에 대한 총 효과

변 수	호혜적 정보 확장 및 활용		
	총 효과[28]	직접효과	간접효과
생활의 편리	0.23	0.24	-0.02
정서적 만족	0.03	0.00	0.02
관계유지 및 형성	0.09	-0.05	0.14
정서 중시 네트워크	0.36	0.38	0.00
규칙 중시 네트워크	0.10	0.11	0.00
설명력	23%		

변 수	상호관계강화		
	총 효과	직접효과	간접효과
생활의 편리	-0.06	0.00	-0.05
정서적 만족	0.05	0.00	0.04
관계유지 및 형성	0.25	0.00	0.25
정서 중시 네트워크	0.73	0.70	0.00
규칙 중시 네트워크	0.02	0.02	0.00
설명력	56%		

따라서 규칙 중시 네트워크도 도구적 사회자본 획득에 영향을 미치지만 오히려 정서 중시 네트워크일수록 도구적 사회자본 획득에 더 유리하게 작용하고 있는 것으로 나타났다. 또한 정서 중시 네트워크일수록 상호관계 강화의 표출적 사회자본 획득이 증가할 가능성도 높게 나타났다.

따라서 행위자들은 행위자들 간의 정서적 교류관계의 도움을 얻

---

28) 자료를 표준화시키고 얻은 회귀계수(β)로 변수 간의 상대적인 영향력을 판단하는 기준이 된다. 여기서 직접효과는 t값의 유의도와 동일함.

는다면 규칙 중시 네트워크보다는(.11) 정서 중시 네트워크에서 더 많은 효과(.36)를 얻을 수 있었다. 즉 규칙 중시 네트워크에서 정서 중시 네트워크를 경유하여 행위자들 간의 정서적 상호작용을 동시에 추구한다면 더 많은 표출적·도구적 사회자본의 효과를 얻을 수 있음을 보여주고 있다.

본 저서에 의하면 생활의 편리라는 도구적 동기에 의해 온라인에 접근한 경우, 특정한 네트워크의 선호 없이도 직접적인 경로를 통해서 도구적 사회자본을 획득할 가능성이 있는 것으로 나타나고 있다. 그러나 이러한 경우는 회원가입 없이 단순하거나 간략한 정보와 지식을 획득하는 것이다. 따라서 이러한 정보 획득은 행위자들 간의 관계 속에서 형성된 자원이 아니기 때문에 사회자본 획득으로 볼 수 없다.

결국, 표출적 동기가 강할수록 정서 중시 네트워크를 선호하게 되고, 이러한 정서적 네트워크 경로를 통하게 될 경우 표출적 사회자본의 획득 가능성은 높았다. 그리고 도구적 동기가 강할수록 규칙 중시 네트워크를 선호하였으며, 규칙 중시 네트워크에서 정서 중시 네트워크를 경유할수록 긍정적인 도구적 사회자본을 획득할 가능성은 높았다. 직접효과의 측면에서 보더라도 규범 중시의 네트워크보다는 정서 중시 네트워크가 표출적 사회자본과 도구적 사회자본에 많은 효과를 주고 있었다.

따라서 접근 동기와 온라인네트워크가 사회자본 창출에 정(+)의 영향을 미칠 것이라는 가설 2는 채택되었으며, 세부적 가설도 모두 채택되었다. 이러한 결과는 표출적 동기는 표출적 사회자본을 그리고 도구적 동기는 도구적 사회자본을 강화한다는 것이 사이버 공간에서 입증되고 있음을 알 수 있었다. 그리고 나아가 정서적인 관계를 강화한다면 표출적 사회자본뿐만 아니라 도구적 사회자본도 획득할 가능성이 더 높다는 것 즉 사회자본 획득에 유리하다는 것을 알 수 있었다.

3. 의도적 행위와 사회자본과의 관계

지금까지 본 저서는 온라인네트워크의 특성에 따라 행위자들의 사회자본 획득이나 유지라는 것이 어떻게 달라지는지 살펴보았다. 여기서는 이러한 구조에서 개개 행위자들이 사회자본 획득을 위해 어떠한 의도적인 행위들을 하는지, 또한 이러한 의도적인 행위에 의해 그 효과가 어떻게 달라질 수 있는지를 알아보고자 한다.

1) 사이버 공간에서의 의도적 행위

사이버 공간에서 사회자본이 성공적으로 형성되기 위해서는 행위자가 무엇인가를 할 수 있어야 한다. 그리고 이를 통해 무엇인가를 얻을 수 있다면 사회자본 형성에 긍정적인 결과를 가져오게 될 것이다(이호규, 2002).

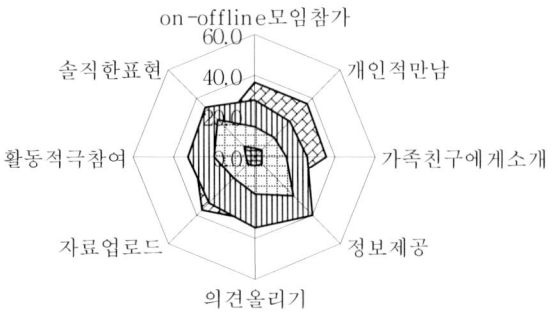

[그림 5-6] 의도적 행위에 대한 전반적인 의견

on-offline모임참가

솔직한표현

개인적만남

활동적극참여

가족친구에게소개

자료업로드

정보제공

의견올리기

⊠거의 그렇지 않다 ⊠그렇지 않다 ▥보통이다 ▦그렇다 ▦매우 그렇다

[그림 5-6]은 행위자들이 사이버 공간에서 사회자본을 형성하거나 획득된 사회자본을 유지·보존하기 위해 어떠한 행위들을 하고 있는지를 조사한 결과이다. 우선 자신의 관심분야에 대해 많은 정보를 제공하느냐에 대해서는 보통이다 40.4%, 매우-거의 그렇다 30.9%, 거의-전혀 그렇지 않다 28.7%의 순으로 나타났으며, 사이버 공간에서 자신에 대해 솔직히 표현하는 노력에 대해서는 전혀-거의 그렇지 않다 34.2%, 보통이다 33.8%, 매우-거의 그렇다 32.0%로 나타났다. 그리고 여러 가지 활동에 적극적으로 참여하거나, 게시판과 자료실에 자기의 의견을 올리는 행위는 보통의 의견을 보인 반면에 정규모임과 오프라인 모임에 지속적으로 참여하기, 커뮤니티 모임 외에 개인적인 만남을 자주 갖기, 회원들을 가족이나 친구에게 소개하기 등의 오프라인상에서 행위에 대해서는 적극적인 모습을 보이지는 않았다.

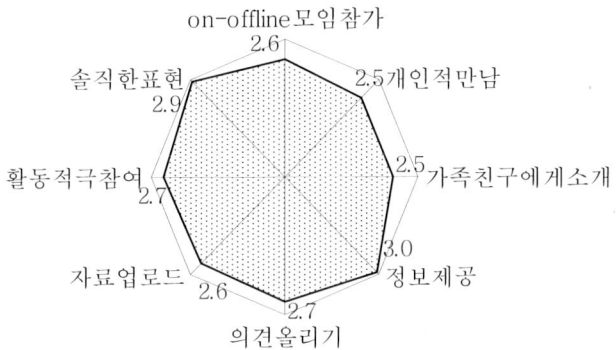

[그림 5-7] 의도적 행위에 대한 평균

주: 전혀 그렇지 않다 1점에서 매우 그렇다 5점

[그림 5-6]과 [그림 5-7]에 의하면 대부분의 행위자들은 보다 많은 자원 확보를 위한 의도적인 행위들에 있어서 오프라인과 연계된 노력을 보이기보다는 온라인 안에서 자신이 가지고 있는 자원을 제공하거나 공유하려는 노력을 좀 더 많이 하고 있는 것으로 나타났다.

2) 의도적 행위의 분류

행위자가 어떤 목적을 가지고 어떤 행위를 하느냐는 사회자본의 형성과 활용에 있어서 중요하다. 왜냐하면 사회자본은 사이버 공간에서 자연발생적으로 주어지는 것이 아니라, 행위자들의 노력에 의해 형성되고 활용되기 때문이다. 또한 사이버 공간에서 형성된 사회적 관계는 지속적으로 유지되지 않으면 소멸될 가능성이 높기 때문에 행위자들 간의 관계유지의 노력들은 사회자본의 형성과 활용에 필수적이라고 할 수 있다.

사회자본에 대한 확인적 요인분석 결과에 의하면 각 문항들의 요인 부하치는 .40 이상의 값으로 모든 문항들이 대항 요인에 적합하게 부하되고 있음을 보여주고 있다([그림 4 – 9]).

[그림 5 - 8] 행위자들의 의도적 행위에 대한 확인적 요인분석

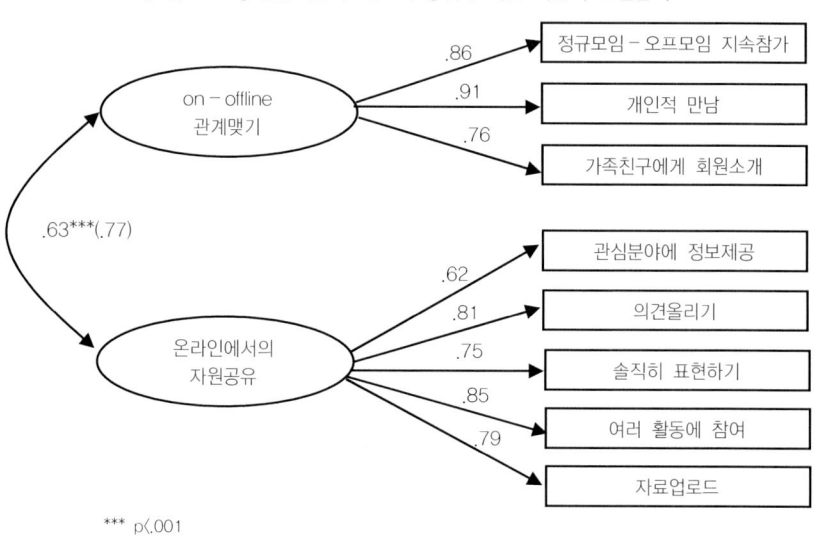

*** p<.001

본 저서는 행위자들이 획득한 사회자본을 안전하게 유지하고 활용하기 위해 어떤 의도적인 행위를 하고 있는지를 측정하였는데, 요인분석을 통해 첫째, 온라인 – 오프라인 간의 관계 맺기 행위를 측정하기 위한 측정지표로 정규모임과 오프라인 모임에 지속적으로 참가하기, 회원들과 온라인 모임 외에 개인적인 만남을 자주 갖기, 회원들을 가족과 친구에게 소개해 주기. 둘째, 온라인에서의

정보공유 행위를 측정하기 위해 관심 분야에 많은 정보 제공하기, 게시판과 자료실에 의견을 자주 올리기, 관련 자료를 자주 업로드하기, 나를 솔직하게 표현하기, 여러 가지 활동에 적극적으로 참여하기 등으로 구성하였다.

그리고 온 – 오프라인 관계 맺기 행위와 온라인에서의 정보공유 행위 간에는 높은 상관관계가 있는 것으로 나타났다. 즉 행위자들이 사이버 공간에서 사회자본 획득을 위한 온라인 공간에서의 노력들과 오프라인 공간에서의 노력들이 서로 영향을 미치고 있는 것으로 나타났다.

3) 행위자의 특성과 의도적 행위

행위자의 특성과 행위자들의 의도적 행위와의 관계에 대한 전체적인 구조모형을 검증한 결과 초기연구모형은 RAR과 카이자승 값을 제외하고는 최적모형으로 판단하는 데 있어서 무리가 없는 것으로 나타났다.

〈표 5-4〉 행위자 특성과 의도적 행위에 대한 모형의 적합도 평가

모 형	GAI	AGFI	RMR	NFI	CFI	AIC	X^2	p
초기연구모형	.98	.95	3.37	.94	.91	135.54	69.57	.00
수정모형 1	.99	.96	2.46	.96	.98	119.02	47.02	.00
수정모형 2	.99	.97	1.80	.97	.99	109.71	29.71	.01
수정모형 3	1.00	.98	1.34	.98	1.00	78.65	10.65	.47

그러나 본 저서는 모형 적합도를 높이기 위해 행위자의 특성과 의도적 행위에 대한 수정지수를 통해 변수 간의 새로운 경로를 찾았고, C. R. 값에서 유의수준이 유의미하지 않는 값(C. R. 값이 1.96보다 작은 값)을 제거하는 방법을 사용하여 적합도를 검증하였다. 그 결과, <표 5−4>와 같은 결과를 얻게 되었다. 수정모형의 비교를 통해 수정모형 3이 RMR 값을 제외하고는 $X^2 = 10.65$, p값 $=0.47$, GFI$=1.00$, AGFI$=0.98$, NFI$=0.98$, CFI$=1.00$, AIC값의 감소로 최종모형으로 채택하는 데 별 무리가 없는 것으로 나타났다.

〈표 5−5〉 행위자의 특성과 의도적 행위에 대한 관계분석 결과

경 로		경로계수	표준편차	C.R.(t값)
성별		−0.184	0.076	−2.424*
학년		0.008	0.027	0.296
가족한달평균수입	on−offline 관계 맺기 행위	0.042	0.018	2.304*
활동기간		−0.004	0.002	−2.268*
하루평균접속시간		0.001	0.001	0.769
컴퓨터 이용능력		0.208	0.044	4.697***
성별		−0.131	0.064	−2.036*
가족한달평균수입		0.025	0.016	1.591
활동기간	온라인에서의 정보공유	−0.001	0.002	−0.828
하루평균접속시간		0.001	0.001	1.622
온라인 집단개수		0.021	0.01	2.11*
컴퓨터 이용능력		0.252	0.038	6.675***

*p⟨.05 *** p⟨.001

수정모형에 의해 행위자의 특성과 의도적 행위에 대한 관계분석의 결과(<표 5−5>, [그림5−9])에 의하면 첫째, 성별과 사이버

공간에서의 활동기간은 on－offline 관계 맺기 행위에 부(－)의 영향을 미치고 있으며, 가족 한달 평균수입과 컴퓨터 이용능력은 on－offline 관계 맺기 행위에 정(＋)의 영향을 미치고 있는 것으로 나타났다. 또한 성별은 온라인에서의 정보공유 행위와 on－offline 관계 맺기 행위에 각각 부(－)의 영향을 미치고 있으며, 온라인 집단의 수와 컴퓨터 이용능력은 각각 정(＋)의 영향을 미치고 있었다.

[그림 5-9] 행위자 특성과 의도적 행위에 대한 수정모형

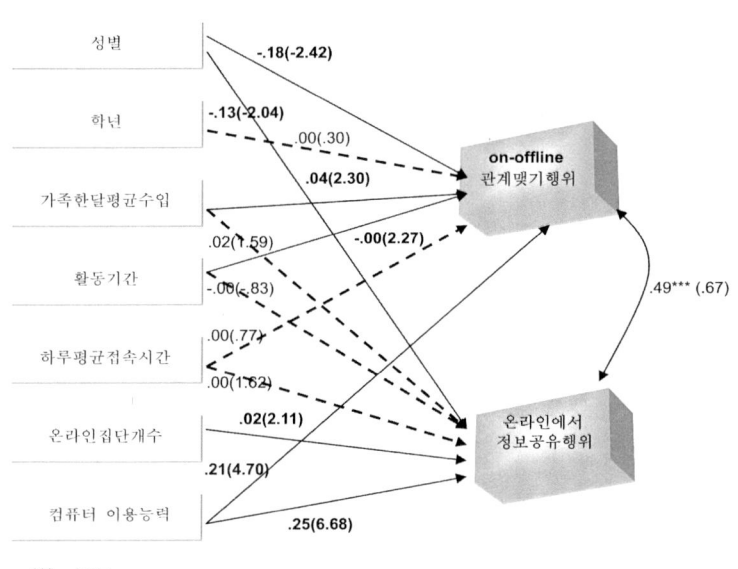

*** p<.001
주: 경로계수, 괄호는 t값, 실선은 α=0.05에서 유의한 경로를 나타냄

이러한 결과는 여성일수록, 사이버 공간에서의 활동기간이 짧을수록, 가족 한달 평균수입이 높을수록, 컴퓨터 이용능력이 높을수록 on－offline 관계 맺기 행위를 할 가능성이 높다는 것과, 여성일수록, 온라인에서 활동하고 있는 온라인집단 수가 많고 컴퓨터 이

용능력이 높을수록 사이버 공간에서 정보공유 노력을 할 가능성이
높은 것으로 나타났다.

4) 의도적 행위와 사회자본의 창출관계

  앞의 분석에서 행위자들의 온라인 접근 동기에 따른 네트워크의
선택이 사회자본의 획득에 어떠한 영향을 미치고 있는지를 파악하
였다면 여기서는 사이버 공간에 접근하는 동기에 따라 선택된 온
라인네트워크 내에서 행위자들의 자발적이고 의도적인 행위들이
사회자본 획득에 어떠한 영향을 미치고 있는지를 알아보고자 한다.
이러한 분석을 통해 사이버 공간에서 사회자본의 획득이라는 것은
온라인네트워크 내에서 단순히 획득되는 것이 아니라 행위자들의
노력의 효과가 어느 정도 영향을 미치고 있다는 것을 파악할 수
있을 것이다.

〈표 5-6〉 의도적 행위와 사회자본에 대한 모형의 적합도 평가

모 형	GFI	AGFI	RMR	NFI	CFI	AIC	X^2	p
초기연구모형	.97	.88	.03	.95	.86	160.48	94.48	.00
수정모형 1	.99	.94	.02	.98	.99	108.59	38.59	.00
수정모형 2	.99	.94	.01	.99	.99	101.50	25.50	.00

  의도적 행위와 사회자본의 창출에 있어서 의도적 행위가 어떠한
영향을 미칠 수 있는지를 분석하는 전체적인 구조모형을 검증한
결과(<표 5-6>), 초기연구모형은 최적모형으로 판단하는 데 있

어서 좀 무리가 있는 것으로 나타났다.

따라서 전체모형의 적합도를 더 향상시키기 위해서 수정지수(M.I: Modification Indicex)와 C. R. 값에서 유의수준이 유의미하지 않는 값 (C. R. 값이 1.96보다 작은 값)을 제거하는 방법을 사용하여 변수 간의 새로운 경로를 찾아 적합도를 검증한 결과, 수정모형2가 카이자승의 값을 제외하고는 GFI=0.99, AGFI=0.94, RMR=0.01, NFI=0.99, CFI=0.99, AIC 값의 감소로 보아 최종모형으로 채택하는 데 별 무리가 없는 것으로 나타났다.

<표 5-7>과 [그림 5-10]은 의도적 행위와 사회자본에 대한 관계를 분석한 결과이다. 우선 도구적 동기는 규칙 중시 네트워크와 호혜적 정보 확장 및 활용이라는 도구적 사회자본 획득에 정 (+)의 영향을 미치고 있으며, on-offline 관계 맺기 행위의 요인에 대해서는 부(-)의 영향을 미치고 있는 것으로 나타났다. 그리고 표출적 동기 중 정서적 만족의 경우에는 유의미한 영향을 미치는 경로가 없는 것으로 나타난 반면에 관계유지 및 형성의 표출적 동기는 정서 중시 네트워크와 on-offline 관계 맺기 행위에 정(+)의 영향을 미치고 있다. 그리고 정서 중시 네트워크는 on-offline 관계 맺기 행위와 온라인에서의 정보공유 행위의 부분에 정(+)의 영향을 미치고 있으며, 상호관계 강화와 호혜적 정보 확장 및 활용이라는 사회자본에도 정(+)의 영향을 미치는 것으로 나타났다. 반면에 규칙 중시 네트워크는 호혜적 정보 확장 및 활용의 도구적 사회자본에만 정(+)의 영향을 미치는 것으로 나타났다. 그리고 이들 변인들이 상호관계 강화 총 변량의 64%를 설명하고 있으며, 호혜적 정보 확장 및 활용의 총 변량의 38%를 설명하고 있다.

<표 5-7> 의도적 행위와 사회자본에 대한 관계분석 결과

경 로			경로계수	표준편차	C.R.(t값)
생활의 편리	➡	정서 중시 네트워크	-0.084	0.043	-1.954
생활의 편리	➡	규칙 중시 네트워크	0.124	0.045	2.759**
정서적 만족	➡	정서 중시 네트워크	0.062	0.048	1.293
정서적 만족	➡	규칙 중시 네트워크	0.045	0.050	0.904
관계유지 및 형성	➡	정서 중시 네트워크	0.344	0.039	8.829***
관계유지 및 형성	➡	규칙 중시 네트워크	0.050	0.041	1.222
정서 중시 네트워크	➡	on-offline 관계 맺기	0.683	0.043	15.831***
규칙 중시 네트워크	➡	온라인에서의 정보공유	-0.001	0.037	-0.016
규칙 중시 네트워크	➡	on-offline 관계 맺기	-0.044	0.042	-1.044
정서 중시 네트워크	➡	온라인에서의 정보공유	0.603	0.036	16.7424***
생활의 편리	➡	온라인에서의 정보공유	0.039	0.038	1.027
생활의 편리	➡	on-offline 관계 맺기	-0.093	0.045	-2.070*
관계유지 및 형성	➡	on-offline 관계 맺기	0.089	0.036	2.512*
정서 중시 네트워크	➡	상호관계강화	0.511	0.034	14.978***
정서 중시 네트워크	➡	호혜적 정보확장 및 활용	0.141	0.040	3.561***
규칙 중시 네트워크	➡	상호관계강화	0.026	0.027	0.989
규칙 중시 네트워크	➡	호혜적 정보확장 및 활용	0.099	0.032	3.082**
온라인에서의 정보공유	➡	호혜적 정보확장 및 활용	0.473	0.041	11.448***
on-offline 관계 맺기	➡	상호관계강화	0.175	0.030	5.807***
on-offline 관계 맺기	➡	호혜적 정보확장 및 활용	-0.115	0.036	-3.192**
온라인에서의 정보공유	➡	상호관계강화	0.179	0.034	5.193***
생활의 편리	➡	호혜적 정보확장 및 활용	0.213	0.033	6.495***

* p<.05, ** p<.01, *** p<.001

[그림 5-10] 의도적 행위와 사회자본에 대한 수정모형

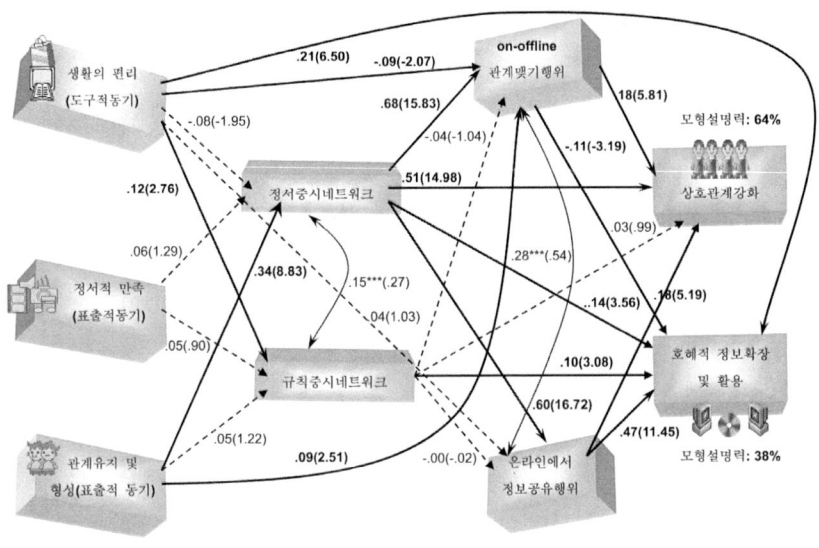

***p⟨.001
주: 경로계수, 괄호는 t값, 실선은 α=0.05에서 유의한 경로를 나타냄

    이러한 결과에 의하면 생활의 편리라는 도구적 동기의 의도가 높을수록, 정서 중시 네트워크일수록 그리고 규칙 중시 네트워크일수록, on-offline 관계 맺기 행위가 적고 온라인에서의 정보공유의 행위가 많을수록 호혜적 정보 확장 및 활용이라는 도구적 사회자본의 획득 가능성이 높다는 것을 알 수 있었다. 반면에 정서 중시 네트워크일수록, on-offline 관계 맺기 행위와 온라인에서의 정보공유라는 의도적인 행위를 많이 할수록 상호관계 강화라는 표출적 사회자본이 획득될 가능성이 높다는 것을 알 수 있었다.

    <표 5-8>은 온라인네트워크를 중심으로 행위자의 의도적 행위와 사회자본 간의 관계분석에서 유의미한 경로를 중심으로 총

효과를 추정해 본 결과이다. 우선 호혜적 정보 확장 및 활용이라는 도구적 사회자본에 가장 많은 효과를 나타내고 있는 변수는 온라인에서의 정보공유라는 의도적 행위차원(.52)이다. 다음으로 정서 중시 네트워크(.37), 생활의 편리(.22), on-offline 관계 맺기 행위(-.15), 규칙 중시 네트워크(.11) 등의 순이었다. 그러나 on-offline 관계 맺기 행위는 부(-)의 영향을 미치고 있다.

그리고 상호관계 강화라는 표출적 사회자본에는 정서 중시 네트워크가 가장 많은 효과(.70)를 미치고 있었으며, 관계유지 및 형성(.27), on-offline 관계 맺기 행위(.20), 온라인에서의 정보공유 행위(.18)의 순으로 효과가 나타났다.

〈표 5-8〉 의도적 행위와 사회자본에 대한 총 효과

변 수	호혜적 정보 확장 및 활용		
	총 효과	직접효과	간접효과
생활의 편리	0.22	0.21	0.01
정서적 만족	0.02	0.00	0.02
관계유지 및 형성	0.13	0.00	0.13
정서 중시 네트워크	0.37	0.15	0.22
규칙 중시 네트워크	0.11	0.10	0.00
온라인에서의 정보공유	0.53	0.53	0.00
on-offline 관계 맺기	-0.15	-0.15	0.00
설명력	38%		

변 수	상호관계강화		
	총 효과	직접효과	간접효과
생활의 편리	−0.06	0.00	−0.06
정서적 만족	0.04	0.00	0.04
관계유지 및 형성	0.27	0.00	0.27
정서 중시 네트워크	0.69	0.49	0.22
규칙 중시 네트워크	0.01	0.02	−0.01
온라인에서의 정보공유	0.18	0.18	0.00
on−offline 관계 맺기	0.21	0.20	0.00
설명력	64%		

여기서 수정모형에 의하면 관계유지 및 형성이 호혜적 정보 확장 및 활용의 요인에 유의미한 직접적인 효과는 미치고 있지는 않았으며, 관계유지 및 형성의 요인도 상호관계 강화의 요인에 직접적인 효과는 미치지 않았다. 그러나 구조적 연관경로를 통해서 간접적인 효과를 보이고 있었다.

다음으로 관련 변인들이 각각 사회자본 요인들에 미치는 경로를 파악해 보자. 총 효과의 측면에서 사회자본에 대한 변인들의 직접적·간접적인 효과의 경로를 세부적으로 살펴보면(<표 5−8>), 먼저 호혜적 정보 확장 및 활용에 대한 분석이다. 도구적 사회자본에 대해서는 사이버 공간에서의 정보공유라는 변수가 직접적으로 정(+)의 효과(.53)를 미치고 있으며, 정서 중시 네트워크는 유의미한 직접적인 영향을 미칠 뿐만 아니라 온라인에서 정보공유라는 경로를 통하여 간접적으로도 도구적 사회자본에 긍정적인 효과(.22)를 나타내고 있다. 그리고 그 직접적인 효과보다 간접적인 효과가 더 크게 나타나고 있다.

또한 생활의 편리라는 도구적 동기는 호혜적 정보 확장 및 활용

(도구적 사회자본)에 직접적으로 효과(.21)를 미치고 있으며, 간접적인 효과보다 크게 작용하고 있으나, on－offline 관계 맺기 행위는 도구적 사회자본에 부정적인 효과(－.15)를 보이고 있다.

그리고 관계유지 및 형성이라는 표출적 동기는 직접적인 효과는 없었지만 간접적으로 호혜적 정보 확장 및 활용이라는 도구적 사회자본에 효과(.13)를 미치고 있다. 그리고 규칙 중시 네트워크는 도구적 사회자본에 직접적인 효과(.11)를 나타내고 있다.

다음으로 표출적 사회자본인 상호관계 강화에 대한 분석이다. 표출적 사회자본에 대해서는 정서 중시 네트워크가 직접적으로 정(+)의 효과(.49)를 보이고 있으며, on－offline 관계 맺기 행위와 온라인에서의 정보공유 행위도 각각 직접적인 정(+)의 효과(.20,18)를 나타냈다. 그리고 관계유지 및 형성→ 정서 중시 네트워크→ 상호관계 강화, 관계유지 및 형성→ 정서 중시 네트워크→ on－offline 관계 맺기→ 상호관계 강화, 관계유지 및 형성→ 정서 중시 네트워크→ 온라인에서의 정보공유→ 상호관계 강화의 간접적인 경로를 통한 효과(.27)도 보이고 있다.

이러한 결과에 의하면, 정보공유의 의도적 행위의 노력이 많을수록, 생활의 편리의 동기가 강할 때, 정서 중시 네트워크의 성격이 강하고 on－offline 관계 맺기 행위가 많지 않을수록, 그리고 규칙 중시 네트워크일수록 호혜적 정보 확장 및 활용이라는 도구적 사회자본이 증가할 가능성이 높았다. 그리고 정서 중시 네트워크일수록, on－offline 관계 맺기의 의도적 행위와 온라인에서의 정보공유 행위를 많이 할수록 상호관계 강화의 표출적 사회자본이 획득될 가능성이 높은 것으로 나타났다.

따라서 전반적으로 개개 행위자들의 의도적 행위들이 온라인네 트워크에서 사회자본의 창출 및 활용에 정(+)의 영향을 미친다는 가설 3은 채택되었다. 그러나 행위자의 의도적 행위 노력이 모든 사회자본에 긍정적으로 작용하는 것은 아니었다. 따라서 가설 3 - 2 는 채택되었지만 on - offline 관계 맺기 행위가 도구적 사회자본에 는 부정적인 영향을 미치고 있기 때문에 가설 3 - 1은 기각되었다.

 이러한 연구결과들은 첫째, 도구적 동기에 의해 규칙 중시 네트 워크를 경유하면 도구적 사회자본의 획득이 가능해진다. 그러나 효 과의 측면에서 보면, 규칙 중시 네트워크에서 정서 중시 네트워크 를 경유하여 온라인에서의 정보공유 행위들이 많을수록 호혜적 정 보 확장 및 활용이라는 도구적 사회자본의 획득 가능성은 더 높아 진다는 것을 알 수 있었다.

 둘째, 표출적 동기에 의해 선택된 정서 중시 네트워크를 경유하 게 되면, 표출적 사회자본의 획득 가능성은 높아진다. 그리고 온라 인상에서의 정보공유의 행위보다는 on - offline 관계 맺기의 행위들 이 표출적 사회자본 획득에 더 많은 영향을 미치고 있었다.

 분석에 의하면, 보다 많은 정보와 지식을 획득하고 또한 이 획 득된 정보를 활용하고 확장하고자 할 경우에는 사람들 간의 정서 적 관계 속에서 정보를 공유하는 행위들이 필요했으며, 표출적 사 회자본을 획득하기 위해서는 정서적 감정의 공유 속에서 형성된 상호작용 관계 자체가 매우 중요하게 작용하고 있었다.

4. 정서적 관계와 사회자본에 대한 사례분석

　본 저서에 의하면 도구적 동기에 의한 접근이 규칙 중시 네트워크에서 정서적 관계 경로를 거치게 되면, 보다 더 많은 사회자본의 형성과 활용의 가능성이 높아지고 있음을 알 수 있었다. 즉 정서 중시 네트워크 내에서는 개개 행위자들의 의도적 행위의 노력들이 성공할 가능성이 높아지고 이것은 결국 사회자본 획득 가능성의 향상으로 이어지고 있었다.

[그림 5-11] 도구적 동기와 정서적 교류(oo카페)

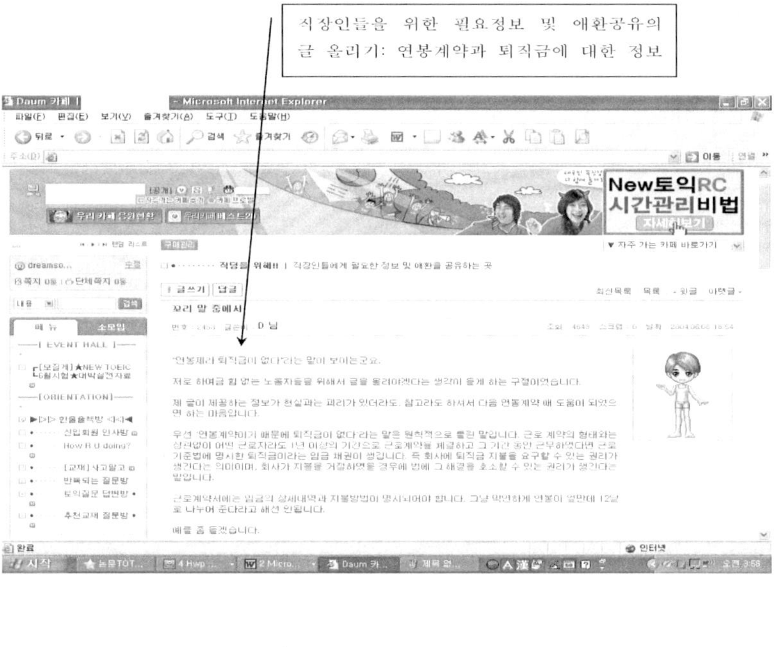

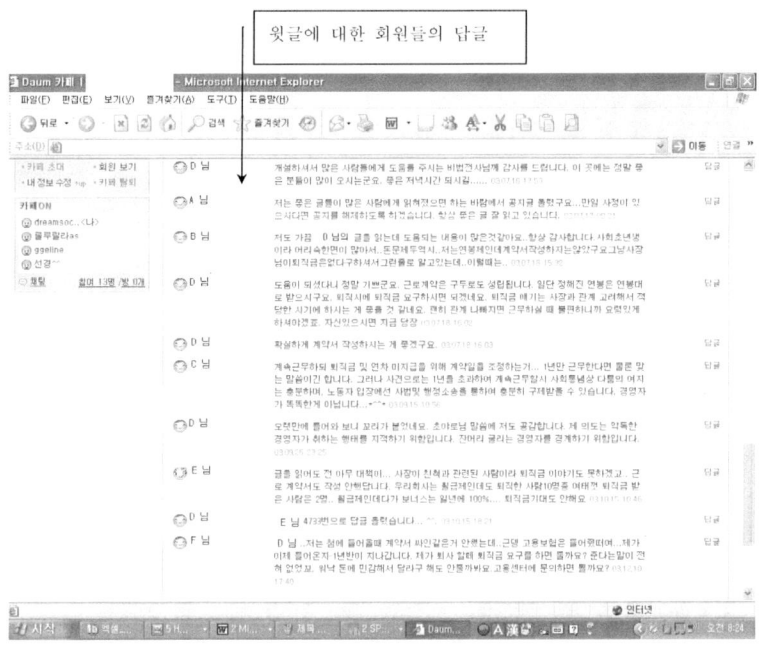

윗글에 대한 회원들의 답글

[그림 5 - 11]에 나타나듯이 글쓴이는 근로계약과 퇴직금에 대한 꼬리말들을 보고, 잘못된 점을 지적하기 위해서 근로계약과 퇴직금에 대한 정보를 제공하였으며, 이러한 정보에 대해 여러 회원들이 다시 댓글(꼬리말)을 올렸다. 여기서 나타나듯이 행위자들은 적극적인 참여를 많이 할수록 많은 도움을 얻고 있었다. 그리고 카페 지기인 'A 님'[29]은 이 글을 공지에 올림으로써 정보와 회원에 대한 신뢰를 보여주었다.

> A 님   멋져요....^^ 여러 사람들에게 도움이 많이 될것같아 공지로 납깁니다..양해해주세요.. 03.07.16 17:38

---

29) 본 저서에서는 정보보호 차원에서 회원들의 아이디를 저자가 임의로 변경하였음을 밝힌다.

대체로 도움을 주는 게시판의 글일수록 댓글(꼬리말) 수가 많다.
즉 도움을 주는 곳에는 많은 회원들이 적극적으로 동참하고 있었
으며, 특히 도움을 많이 주는 회원일수록 반복적으로 사용되는 아
이디를 통해 다른 회원들로부터 신뢰를 얻기도 하고 친분을 쌓기
도 한다.

또한 상대방의 의견에 대해 지지와 동의를 나타내기도 하며, 필
요로 하는 정보를 더 자세히 제공해 줌으로써 도움을 주고받고 있
었다. 또한 상대방의 생각에 영향을 미칠 뿐만 아니라, 오프라인상
에서 행위에도 영향을 미치고 있었다.

B 님	저도 가끔 D 님의 글을 읽는데 도움되는 내용이 많은것같네요..항상 감사합니다. 사회초년생이라 어리숙한면이 많아서... 돈문제두역시..저는 연봉제인데 계약서작성하지는 않았구요 그냥사장님이 퇴직금은 얼마구 하셔서 그런줄로 알고있는데..이럴때는.. 03.07.18 15:32	답글
D 님	도움이 되셨다니 정말 기쁘군요. 근로계약은 구두로도 성립됩니다. 일단 정해진 연봉은 연봉대로 받으시구요. 퇴직시에 퇴직금 요구하시면 되겠네요. 퇴직금 얘기는 사장과 관계 고려해서 적당한 시기에 하시는 게 좋을 것 같네요. 괜히 관계 나빠지면 근무하실 때 불편하니까 요령있게 하셔야겠죠. 자신있으시며 지금 당장. 03.07.18 16:02	답글
D 님	확실하게 계약서 작성하시는 게 좋겠구요. 03.07.18 16:03	답글

또한 글쓴이는 자신이 제공한 정보에 대해 다른 회원들이 정확한 정보로 수용할 뿐만 아니라, 이에 대해 고마움을 표현해 주는 것에 대해 보람을 느끼고 있었다.

물론 게시판의 글들이 모두 긍정적인 결과를 가져오는 것은 아니다. 특히 상업적인 글이나 비방하는 댓글에 대해서는 부정적인 답변이나 반응들이 대부분이다. 이럴 경우에는 서로에게 도움을 주는 상황이 아니기 때문에 어떠한 사회자본도 획득할 수 없었다.

'미니홈피'는 정서 중시 네트워크의 속성 속에서 표출적 사회자본을 획득하는 곳이다. [그림 5 - 12]에서 나타나듯이 '미니홈피'에서는 페이머스, 프랜들리, 카인드 등의 지수를 측정할 수 있게 했다. 이 지수는 관계의 범위와 우정과 믿음, 관용, 친절, 배려를 측정하는 것으로서 사람들 간의 정서적인 관계망의 수준을 측정할 수 있다.

결국 '미니홈피'는 행위자들이 많은 사람들과 일촌을 맺으면서 관계를 확장하는 장소이다. 즉 일촌의 홈피에 자주 들러서 글을 남기고 또한 일촌이 남긴 글에 대한 답변을 해 주는 등, 정서 중시의 관계를 통해 사회자본을 획득할 수 있는 공간이다.

[그림 5-12] 정서 중시 네트워크와 표출적 사회자본(싸이월드의 미니홈피)

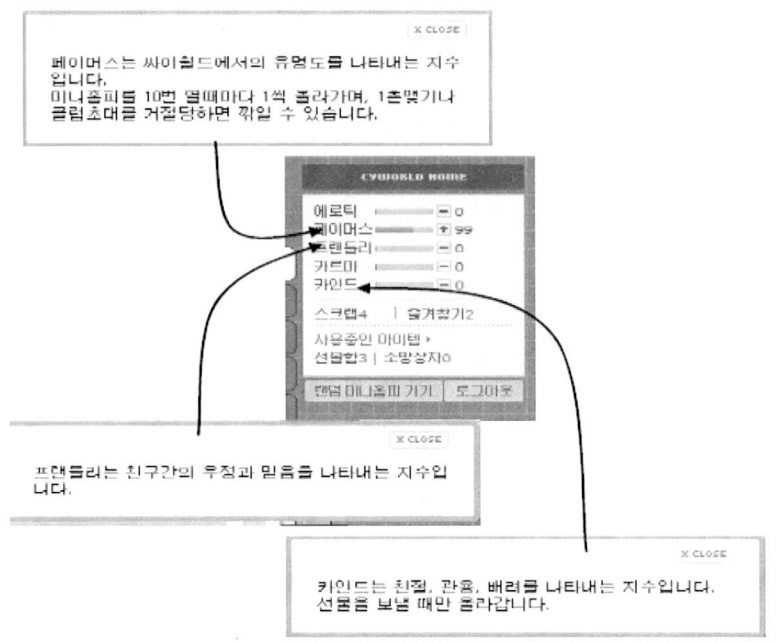

또한 싸이월드의 '미니홈피'는 대부분 오프라인상에서 알고 지내는 사람들과의 관계에서부터 시작되는 공간이다. 즉 이미 오프라인상에서 형성된 정서적 관계를 기반으로 움직이는 공간이다. 따라서 사이버 공간에서 미니미는 미니 룸의 주인장으로서 방을 관리해나가고 솔직하게 자신을 표현해야 한다. 사진을 비롯하여 음악 등 다양한 자료를 업로드하고 스크랩을 통해 공유의 영역을 형성해야 한다. 또한 [그림 5 - 13]에서 나타나듯이 일기장의 기능을 통해 현재 자신의 정서적 · 감정적인 상황을 남에게 보여주기도 하는데, 이에 대해 공개대상인 일촌들은 댓글을 남김으로써 감정전달을 할 수 있다.

[그림 5-13] 표출적 동기와 정서적 교류(싸이월드의 미니홈피)

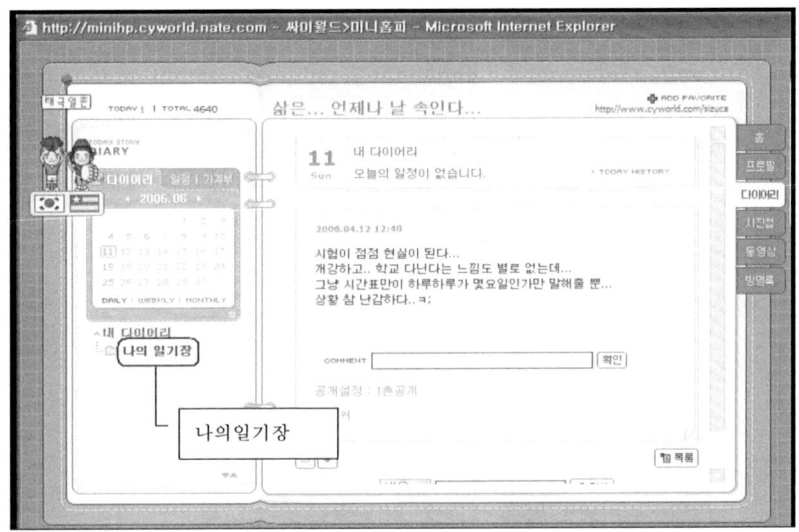

따라서 미니홈피는 오프라인상에서의 관계유지와 사이버 공간에서 게시판과 방명록에 남겨진 일촌의 글에 의견을 자주 올려주는 형식으로 움직이기 때문에 의도적 행위를 통한 관계강화의 행위는 사회자본 획득에 필요하다.

본 저서에 의하면 첫째, 도구적 동기에 의한 경우, 정보의 정확성을 유지하기 위해 규칙에 따른 통제도 중요하지만, 보다 강화된 사회자본을 획득하기 위해서는 많은 정보의 제공과 적극적인 참여, 솔직한 표현 등의 행위를 통해 어려운 일이나 고민, 문제를 논의하고 도움을 주고받으면서 신뢰를 쌓는 것이 중요했다. 즉 규칙 중시 네크워크에서 정서 중시 네트워크를 경유하여 온라인상에서의 정보공유라는 의도적 행위 과정을 거치게 되면 긍정적인 도구적 사회자본의 획득 가능성은 높아지게 된다.

둘째, 관계유지 및 형성이라는 표출적 동기에서 상호관계 강화라는 표출적 사회자본을 획득하기 위해서는 정서 중시 네트워크 자체가 가장 많은 영향을 미치고 있었다. 이것은 온라인에서의 정보공유 행위와 on-offline 관계 맺기 행위의 경로를 거치는 간접적인 효과보다도 더 컸다. 결국, 상호관계 강화라는 표출적 사회자본을 획득하는 데 있어서는 정서 중시 네트워크 자체가 중요한 영향을 미치고 있었다. 그리고 이러한 네트워크의 속성은 온라인에서의 정보제공과 on-offline 관계 맺기의 행위를 더 강화해서 표출적 사회자본 획득에 긍정적인 영향을 미치고 있었다. 즉 호혜적 정보확장 및 활용의 도구적 사회자본의 획득에서는 정서 중시 네트워크를 경유한 의도적 행위의 효과가 중요했다면, 상호관계 강화라는 표출적 사회자본의 획득에는 정서적 관계의 상호관계를 가능하게 하는 정서 중시 네트워크의 형성이 중요하게 작용하고 있음을 알 수 있었다.

5. 사이버 공간에서의 사회자본의 활용정도

사이버 공간에서 사회자본이 감소한다는 주장의 핵심은 사이버 공간에서의 활동 증가로 인해 오프라인상에서 사람들 특히, 가족과 친구들과의 관계가 소원하게 된다는 것이며, 이는 결국 사회자본의 감소로 연결된다는 것이다.

여기서는 사이버 공간에서 대인관계를 위해 접근한 행위자들만

을 대상으로 하여 온라인과 오프라인 간의 관계변화를 분석하고자
한다. 분석을 통해 첫째, 사이버 공간에서 대인관계를 위한 활동들
이 오프라인상에서의 가족과 친구와의 관계에 어떠한 영향을 미치
고 있는지 둘째, 사이버 공간에서 사회자본을 재형성하고 활용하는
데 있어서 오프라인상에서의 사회자본 감소(가족과 친구와의 관계
감소)가 어느 정도 영향을 미칠 것인지 알아보고자 한다. 셋째로
사회자본의 형성과 활용에 영향을 미치는 정서 또는 규칙 중시의
관계들이 사회자본 활용정도에 어떠한 영향을 미치는지를 파악하
고자 한다.

1) 사회자본의 창출과 활용 가능성

앞에서는 행위자들이 사이버 공간에서 어떠한 경로와 선택을 하
느냐에 따라 사회자본의 형성과 활용의 과정이 다양해진다는 것을
분석하였다. 여기서는 온라인네트워크에서 사회자본의 형성 및 활
용과 관련하여 행위자들의 활동 변화를 측정하였다. 우선 행위자들
중 접근 동기를 달성한 경우 활동을 중단한다는 질문에 대해서는
52.0%가 그렇지 않다고 응답했으며, 오히려 접근 동기 완성 후 다
른 동기로 온라인에 접근한다는 응답(보통이다 43.0%, 매우 - 거의
그렇다 31.4%)과 접근 동기 완성 후 사이버 공간에서 활동을 지속
하면서 획득된 보상을 유지한다는 응답(보통이다 48.7%, 매우 - 거
의 그렇다 28.1%)이 대체로 많았다.

그리고 접근 동기가 실패할 경우에 동기완성을 위해 지속적인

노력을 한다는 응답에 대해서는 보통이다 45.0%, 전혀-거의 그렇지 않다 29.9%, 매우-거의 그렇다 25.2%의 순으로 나타났으며 접근 동기가 실패할 경우에 동기완성 활동을 중단한다는 응답에서는 전혀-거의 그렇지 않다 39.3%, 보통이다 37.5%, 매우-거의 그렇다 23.3%로 나타났다.

[그림 5-14] 사회자본의 창출과 활용 가능성

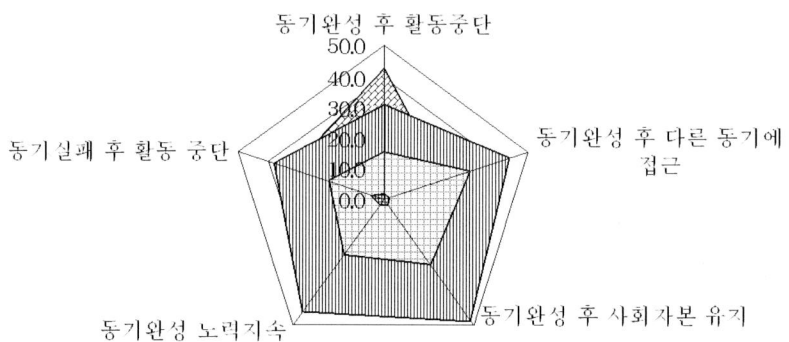

따라서 사이버 공간에서 형성된 사회자본은 대체로 지속적으로 활용되고 있음을 짐작할 수 있었으며, 접근 동기를 달성하지 못한다 해도 접근 동기 완성을 위한 활동을 중단하지는 않는 것으로 나타났다.

2) 사이버 공간에서의 활동과 오프라인 관계 변화

여기서는 사이버 공간에서 대인관계를 위해 적극적으로 접근한 행위자들만을 대상으로 해서[30] 이들의 활동들이 오프라인상의 가족과 친구와의 관계에 어떠한 영향을 미치고 있는지를 분석하였다.

대인관계를 위해 적극적으로 활동하고 있는 행위자를 대상으로 하여 오프라인에서 이전에 알고 지내던 사람과의 관계가 어떻게 변화하였는지를 분석한 결과, 71.5%가 변하지 않았다고 응답했다. 그리고 예전보다 관계가 멀어졌다(10.9%)는 응답보다는 예전보다 친밀해졌다는 응답(17.7%)이 다소 높았다.

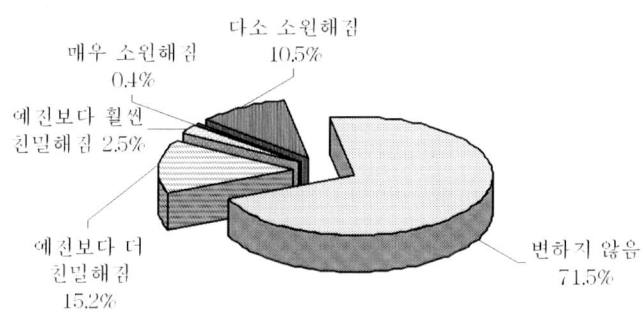

[그림 5-15] 온라인 활동으로 인한 관계변화

따라서 본 저서의 조사 결과에 의하면, 사이버 공간에서의 활동이 행위자들의 사회자본을 감소시킨다는 주장과는 일치하지 않았다. 여기서 더 나아가 사이버 공간에서 대인관계를 위한 활동이 오프라

---

30) 사이버 공간에서 대인관계를 위해 온라인에 접근하였다는 응답 중 '그렇다'와 '매우 그렇다' 라고 응답한 행위자들만을 대상으로 조사했음

인에서의 인간관계, 특히 오프라인상의 가족들과 보내는 시간과 친구와의 만남 간에는 어떠한 연관을 지니게 되는지를 알아보았다.

3) 사이버 공간에서의 활동과 사회자본 활용

여기서는 대인관계를 위해 활동하고 있는 행위자들만을 대상으로 하여 사이버 공간에서 활동한 기간과 하루 평균 접촉하는 시간 등 사이버 공간에서의 활동이 오프라인상의 가족과 친구와의 관계에 어떠한 영향을 미치는지 분석하였다. 그리고 오프라인 관계와 사이버 공간에서의 관계망(정서중시 / 규범중시)이 사회자본 유지 및 재형성에 어떠한 영향을 미치고 있는지를 알아보고자 한다.

<표 5 - 9> 사이버 공간에서의 활동 및 사회적 관계와 사회
자본 활용에 대한 모형의 적합도 평가

모 형	GAI	AGFI	RMR	NFI	CFI	X^2	p
초기연구모형	1.00	.00	.52	.99	1.00	3.44	.90

<표 5 - 9>에 의하면 사이버 공간에서의 활동 및 사회적 관계와 사회자본 활용에 대한 초기연구모형은 RMR 값을 제외하고는 X^2=3.44, p값=0.90, GFI=1.00, AGFI=.99, NFI=.99, CFI=1.00으로 최적의 모형으로 판단된다. 따라서 초기 연구모형을 최적의 모형으로 채택하였다.

사이버 공간에서의 활동 및 사회적 관계와 사회자본 활용에 대한 분석결과와 연구모형(<표 5 - 10>, [그림 5 - 16])에 의하면 대인관

계를 위해 사이버 공간에서 적극적으로 활동하는 행위자들 중, 사이버 공간에서 활동한 기간이나 사용시간은 오프라인상의 가족이나 친구와의 관계에 의미 있는 영향을 미치지 않았다. 그리고 오프라인상의 관계변화는 사회자본 유지와 재창출에도 의미 있는 영향력을 보이고 있지 않았다. 따라서 가설 4-1은 기각되었으며, 사이버 공간에서의 활동기간이 오프라인상의 관계에 부(-)의 영향을 줄 것이라는 가설 4-2와 오프라인상의 관계변화가 새로운 사회자본 창출 유도에 부(-)의 영향을 미칠 것이라는 가설 5도 기각되었다.

〈표 5-10〉 사이버 공간에서의 활동 및 사회적 관계와 사회자본 활용에 대한 관계분석 결과

경 로		경로계수	표준편차	C. R.(t값)
사용시간 ➡	가족과 보내는 시간	0.00	0.00	1.76
사용시간 ➡	친구와 보내는 시간	0.00	0.00	0.56
활동기간 ➡	가족과 보내는 시간	0.00	0.00	-1.83
활동기간 ➡	친구와 보내는 시간	0.00	0.00	-1.60
정서중시 네트워크 ➡	획득된 사회자본 유지	0.25	0.05	4.84***
정서중시 네트워크 ➡	새로운 사회자본 획득 시도	0.10	0.06	1.69
규칙중시 네트워크 ➡	획득된 사회자본 유지	0.11	0.05	2.24*
규칙중시 네트워크 ➡	새로운 사회자본 획득 시도	0.16	0.06	2.91**
가족과 보내는 시간 ➡	획득된 사회자본 유지	0.08	0.04	1.91
가족과 보내는 시간 ➡	새로운 사회자본 획득 시도	-0.04	0.05	-0.80
친구와 보내는 시간 ➡	획득된 사회자본 유지	-0.09	0.05	-1.73
친구와 보내는 시간 ➡	새로운 사회자본 획득 시도	0.06	0.06	1.13

***p<.001, **p<.01, *p<.05

그리고 정서 중시 네트워크는 이미 획득된 사회자본의 유지에 정(+)의 영향을 미치고 있었으며, 규칙 중시 네트워크는 창출된 사회자본 유지와 새로운 사회자본 획득의 시도에 각각 정(+)의 영

향을 미치는 것으로 나타났다. 따라서 가설 6이 채택되었다.

[그림 5-16] 사이버 공간에서의 활동 및 사회적 관계와 사회자본 활용에 대한 연구모형

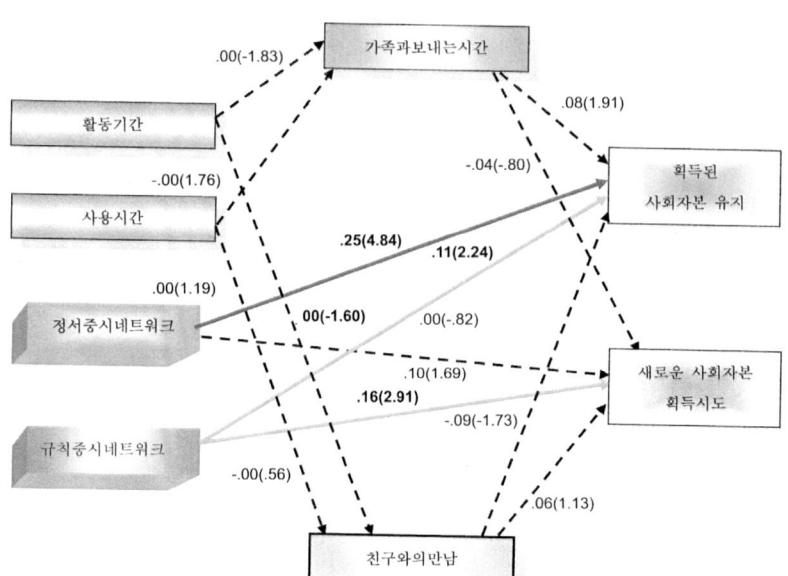

주: 경로계수. 괄호는 t값. 실선은 α=0.05에서 유의한 경로를 나타냄

행위자들은 정서 중시 네트워크 내에서는 이미 획득된 도구적·
표출적 사회자본을 유지하면서 사이버 공간에서의 활동을 지속하
고 있었으며, 규칙 중시의 관계에서는 이미 획득된 도구적 사회자
본을 유지하면서 또 다른 사회자본 획득을 위한 시도를 하고 있는
것으로 나타났다. 이와 같은 결과는 행위자가 정서적 관계망에서는
다른 사이트로 이동하지 않고 현재의 사회자본을 유지하더라도 사
회자본 형성과 활용이 지속되는 반면에, 규칙 중시의 경우에는 대
부분이 행위자들의 도구적 동기에 의해서 선호된 관계이므로 정서

중시 네트워크를 경유하지 않을 경우에는 도구적 사회자본을 획득한 후 다른 자원 확보를 위한 시도는 지속되는 것으로 파악되었다.

4) 사회자본의 사용

여기서는 새로운 사회자본의 획득을 시도하는 경우에 어떠한 경로를 통해 사회자본을 활용하고 있는지를 알아보고자 한다. [그림5-16] 모형에서 새로운 사회자본의 획득을 시도한 경우의 최적모형을 검증한 결과이다.

〈표 5-11〉 사회자본 활용에 대한 모형의 적합도 평가

모 형	GFI	AGFI	RMR	NFI	CFI	AIC	X^2	p
초기연구모형	.99	.94	.02	.99	.99	.68.15	20.15	.00
수정모형 1	1.00	.96	.01	.99	.99	60.07	10.07	.02

초기연구모형은 카이자승 값을 제외하고는 최적모형으로 판단하는 데 있어서 무리가 없는 것으로 나타났다. 그러나 본 저서는 전체모형의 적합도를 향상시키기 위해서 수정지수(M.I: Modification Indicex)와 C. R. 값에서 유의수준이 유의미하지 않는 값(C. R. 값이 1.96보다 작은 값)을 제거하는 방법을 사용하여 변수 간의 새로운 경로를 찾아 수정모형 1을 구할 수 있었다. 수정모형 1에 의하면, 카이자승의 값을 제외하고는 GAI=1.00, AGFI=0.96, RMR=0.01, NFI=0.99, CFI=0.99, AIC 값의 감소로 보아 최적모형으로 채택하는 데 별 무리가 없는 것으로 나타났다.

<표 5-12> 사회자본 활용에 대한 관계분석 결과

경 로		경로계수	표준편차	C. R.(t값)
새로운 사회자본 획득시도 ➡ 정서 중시 네트워크		0.110	0.037	2.992**
새로운 사회자본 획득시도 ➡ 규칙 중시 네트워크		0.161	0.036	4.505***
정서 중시 네트워크 ➡ on-offline 관계 맺기		0.717	0.041	17.303***
규칙 중시 네트워크 ➡ 온라인에서의 정보공유		-0.004	0.037	0.122
규칙 중시 네트워크 ➡ on-offline 관계 맺기		-0.056	0.042	-1.327
정서 중시 네트워크 ➡ 온라인에서의 정보공유		0.603	0.036	16.725***
on-offline 관계 맺기 ➡ 상호관계강화		0.189	0.03	6.216***
온라인에서의 정보공유 ➡ 호혜적 정보확장 및 활용		0.479	0.042	11.281***
정서 중시 네트워크 ➡ 상호관계강화		0.536	0.033	16.037***
규칙 중시 네트워크 ➡ 호혜적 정보확장 및 활용		0.110	0.033	3.313***
정서 중시 네트워크 ➡ 호혜적 정보확장 및 활용		0.141	0.041	3.459***
규칙 중시 네트워크 ➡ 상호관계강화		0.022	0.027	0.831
on-offline 관계 맺기 ➡ 호혜적 정보확장 및 활용		-0.131	0.037	-3.534***
온라인에서의 정보공유 ➡ 상호관계강화		0.182	0.035	5.217***
새로운 사회자본 획득시도 ➡ 호혜적 정보확장 및 활용		0.091	0.028	3.213**

** p<.01 ***p<.001

사회자본 활용에 대한 수정모형에 의하면 새로운 사회자본의 획득을 시도하는 경우 정서 중시 네트워크와 규칙 중시 네트워크, 그리고 호혜적 정보 확장 및 활용의 요인에는 정(+)의 영향을 미치고 있었다. 그리고 정서 중시 네트워크는 on-offline 관계 맺기 행위 요인과 온라인에서의 정보공유 행위, 상호관계 강화, 호혜적 정보 확장 및 활용의 요인에 각각 정(+)의 영향을 미치고 있었으며, 규칙 중시 네트워크는 호혜적 정보 확장 및 활용의 사회자본에 정(+)의 영향을 미쳤다. 의도적 행위인 on-offline 관계 맺기 행위는 상호관계 강화 요인에는 정(+)의 영향을 주었지만, 호혜적 정보 확장 및 활용의 요인에는 부(-)의 영향을 미치고 있었다. 그리고 온라인에서의 정보공유 행위는 호혜적 정보 확장 및 활용과 상호관계 강화의 사회자본에 각각 정(+)의 영향을 미치고 있었다. 그리고 이들 변인들이 호혜적 정보 확장 및 활용 총 변량의 34%를 설명하고 있으며, 상호관계 강화 총 변량의 64%를 설명하고 있다.

[그림 5-17] 사회 자본 활용에 대한 수정모형

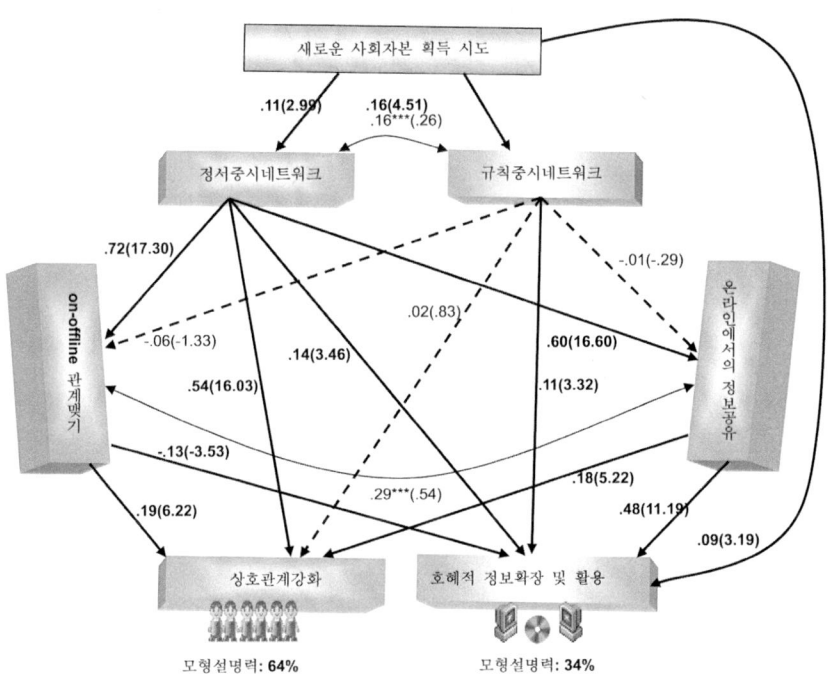

*** ⟨ .001
주: 경로계수, 괄호는 t값, 실선은 α=0.05에서 유의한 경로를 나타냄

이러한 결과에 의하면 온라인에서의 정보공유 행위를 많이 할수록, 정서 중시 네트워크와 규칙 중시 네트워크를 경유할수록 그리

고 on‑offline 관계 맺기 행위가 적을수록 호혜적 정보 확장 및 활용의 자원이 증가할 가능성이 높았다. 또한 정서 중시 네트워크일수록, 온라인에서의 정보공유 행위를 많이 할수록, on‑offline 관계 맺기 행위를 많이 할수록 상호관계 강화의 표출적 사회자본을 획득할 가능성도 존재했다.

<표 5‑13>은 총 효과의 측면에서 변인들의 상대적 강도를 분석한 결과이다. 우선, 호혜적 정보 확장 및 활용이라는 도구적 사회자본에 가장 많은 영향을 미치는 것은 온라인에서의 정보공유 행위이며(.53), 다음으로 정서 중시 네트워크(.36), 새로운 사회자본을 획득하려는 시도(.17), 규칙 중시 네트워크(.12)의 순으로 나타났다. 다만 on‑offline 관계 맺기 행위는 도구적 사회자본 획득에 부(‑)의 영향을 미치는 것으로 나타났다.

그리고 상호관계 강화라는 표출적 사회자본에 가장 많은 영향을 미치는 것은 정서 중시 네트워크(.74)였으며 다음으로 on‑offline 관계 맺기(.22), 온라인에서의 정보공유 행위(.18)였다.

〈표 5‑13〉 사회자본 활용에 대한 총 효과

변 수	호혜적 정보 확장 및 활용		
	총 효과	직접효과	간접효과
새로운 사회자본 획득시도	0.17	0.11	0.06
정서 중시 네트워크	0.36	0.15	0.21
규칙 중시 네트워크	0.12	0.11	0.00
온라인에서의 정보공유	0.53	0.53	0.00
on‑offline 관계 맺기	‑0.17	‑0.17	0.00
설명력	34%		

변 수	상호관계강화		
	총 효과	직접효과	간접효과
새로운 사회자본 획득시도	0.09	0.00	0.09
정서 중시 네트워크	0.74	0.51	0.23
규칙 중시 네트워크	0.01	0.02	− 0.01
온라인에서의 정보공유	0.18	0.18	0.00
on − offline 관계 맺기	0.22	0.22	0.00
설명력	64%		

다음으로 총 효과의 측면에서 사회자본에 대한 변인들의 직접적이고 간접적인 효과의 경로를 세부적으로 살펴보고자 한다. 먼저 도구적 사회자본에 대해서는 사이버 공간에서의 정보공유라는 변수가 직접적으로 정(+)의 효과(.53)를 미치고 있으며, 정서 중심 네트워크는 유의미한 직접적인 영향을 미칠 뿐만 아니라 온라인에서 정보공유와 on − offline 관계 맺기 행위라는 간접적인 경로를 통해서 도구적 사회자본에 더 긍정적인 효과(.21)를 나타내고 있었다. 다만 on − offline 관계 맺기 행위는 직접적으로는 부(−)의 영향을 미치고 있다. 그리고 정서 중시 네트워크는 그 직접적인 효과보다 간접적인 효과가 더 크게 나타나고 있다. 따라서 새로운 사회자본의 획득도 정서 중시 네트워크를 경유한 사이버 공간에서의 정보공유라는 노력을 많이 할수록 도구적 사회자본의 획득 가능성이 높았다.

다음으로 표출적 사회자본에 대해서는 정서 중시 네트워크가 직접적으로 정(+)의 효과(.51)를 미칠 뿐만 아니라 정서 중시 네트워크 → on − offline 관계 맺기 ⊆ 온라인에서의 정보공유 → 상호관계강화(.23)등의 간접적 경로를 통해 사회자본 획득에 영향을 주었다.

그리고 on‑offline 관계 맺기 행위와 온라인에서의 정보공유 행위도 각각 직접적으로 유의미한 영향(.22, .18)을 미치고 있었다. 그러나 정서 중시 네트워크를 경유한 직접적인 효과가 더 컸다. 따라서 상호관계 강화의 표출적 사회자본은 정서 중시 네트워크 내에서의 활동만으로도 새로운 표출적 사회자본의 재형성이 이루어지고 있었으며, 의도적 행위의 경유도 의미 있는 영향을 미치고 있었다.

새로운 사회자본을 획득하고자 하는 경우, 호혜적 정보 확장 및 활용의 사회자본 획득은 여전히 로그아웃 한 상태에서도 영향을 받고 있었으나, 이것은 앞에서 분석한 것과 같이 단순히 정보 엿보기의 상황이므로 사회자본이라고 볼 수 없었다. 오직 정서 중시 네트워크를 통해 온라인에서의 정보공유 행위의 과정을 거칠 때 보다 긍정적인 효과를 볼 수 있었다.

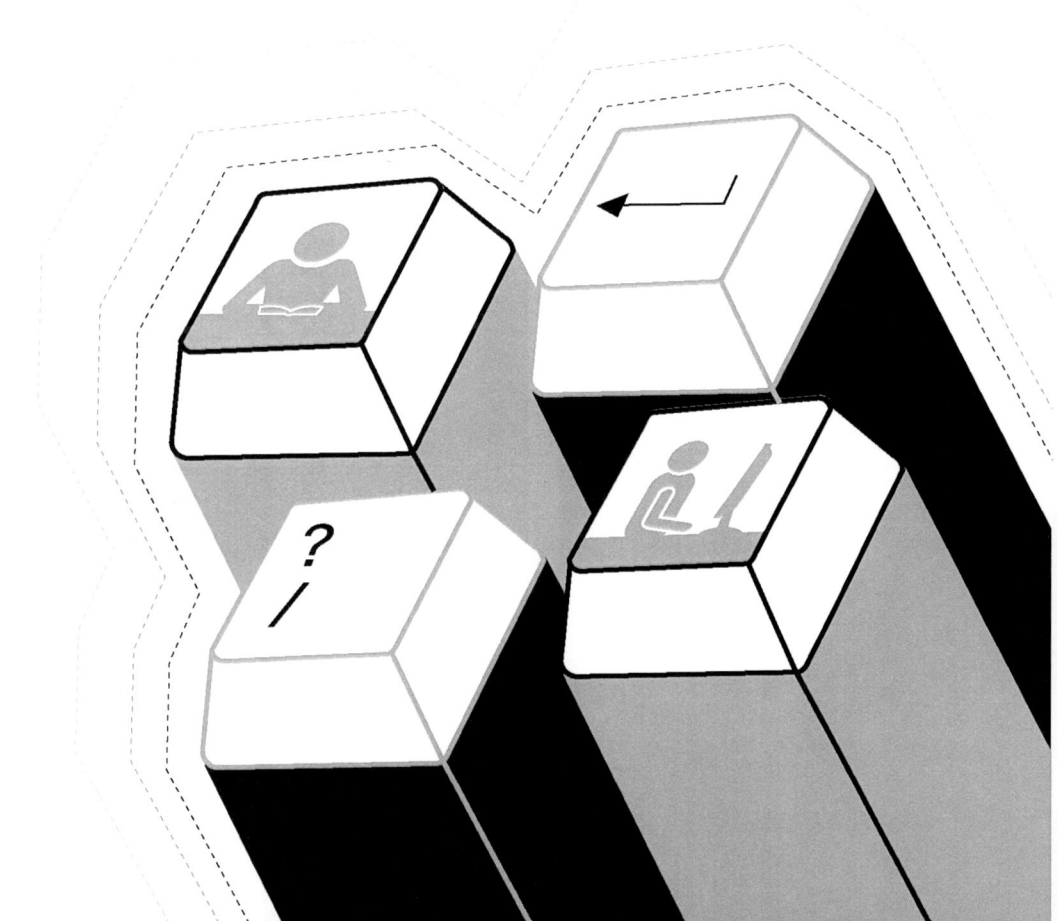

>>> 제**6**장 결론 및 함의

온라인에서 활동하고 있는 개개 행위자(대학생)들을 분석대상으로 하여 사회자본의 형성과 활용이 사이버 공간에서 어떤 경로를 통해 이루어지는지를 살펴보았다.

본 저서에 의하면 현재 사이버 공간에서는 정보보호차원과 저작권보호의 강화 속에서 까다로운 회원제 절차를 거치게 하거나 실명제에 근거한 회원제를 운영하고 있으며, 규칙을 통한 역할에 따라 접근을 제한하고 통제하기도 한다. 그리고 사이버 공간에서의 활동이 지속될수록 행위자들의 관계는 강화되고 있었는데, 이것은 제도적 통제에 의한 관계 강화보다는 인간적인 감정을 통한 상호작용의 관계에 의한 강화였다. 그리고 이러한 관계 강화는 사회자본의 형성과 활용에 더 긍정적인 효과를 가져왔다.

회원들이 서로 어려운 일에 대해 도움을 주거나 고민을 해결해 주고, 또는 자신을 솔직하게 드러내면서 호혜적인 정보의 제공과 공유가 많아진다면 사이버 공간에서 행위자들의 활동이 지속될 가능성이 높았다. 그리고 이것은 개인 중심의 관계에서 집단적인 관계 중심으로 발전하게 된다는 것을 알 수 있었다.

사이버 공간에서 사회자본의 형성과 활용은 개방적이기보다는 폐쇄적인 관계 속에서 그 효과가 더 크게 나타난다는 것을 알 수 있었다. 특히 도구적 사회자본 획득의 경우, 그라노베터의 주장처럼 개방적 네트워크를 통한 외부와의 관계 확장이 지식·정보 획득의 범위를 넓힘으로써 보다 긍정적인 사회자본 형성이 이루어진다고 보기는 어려웠다. 오히려 개방적인 네트워크에서 출발하여 정서 중심의 폐쇄적인 관계로 발전해야 만이 보다 안정된 정보, 질 좋은 정보, 호혜적인 정보 등 더 효과적인 도구적 사회자본을 획득할 가능성이 높았다.

본 저서의 결과를 구체적으로 살펴보면 다음과 같다.

행위자들은 자원과 정보 획득의 가능성을 높이고 생활의 편의라는 도구적 동기를 위해서는 규칙 중시 네트워크를 선택하였다. 그러나 행위자들 간에 정서적인 상호작용을 통해 친밀한 관계를 형성한다면 규칙 중시 관계에서보다 더 많은 사회자본을 획득할 수 있었다.

특히 행위자들이 온라인상에서의 정보공유라는 의도적 행위를 많이 할수록 도구적 사회자본의 획득 가능성은 높았다. 새로운 지식과 정보 획득이라는 도구적 사회자본의 형성과 활용에 있어서, 정서 중시 네트워크를 경유한 의도적인 행위는 규칙 중시 네트워크보다 더 중요하게 작용하고 있었다.

반면에 관계유지 및 확장이라는 표출적 동기를 위해서는 행위자들 간의 정서적 감정의 교류를 통한 상호작용 관계를 유지하고 형성하는 것이 중요했다. 그리고 표출적 동기에 의한 접촉이 정서를 중심으로 특징짓는 네트워크를 경유함으로서 긍정적인 사회자본을 획득할 수 있었다. 즉 행위자들 간의 정서적 상호관계 속에서는 생각과 감정을 공유하고 강한 유대감과 소속감, 그리고 행위자들 간에 믿음이라는 표출적 사회자본을 획득할 수 있었다. 그리고 회원들 간에 서로 도움을 주고받는 정서적 상호작용이 이루어지는 정서 중시 네트워크 내에서는 개인의 투자와 노력이라는 의도적 행위를 경유하는 것보다 사회자본을 획득하는 효과가 더 컸다.

　　결국 정서 중시 네트워크와 행위자의 의도적인 행위는 표출적 사회자본과 도구적 사회자본의 획득에 중요한 영향을 미치고 있었다. 사이버 공간에서 사회자본의 형성과 활용은 온라인네트워크의 성격과 관련하여 다양한 결과를 보여 주고 있었으며, 나아가 온라인네트워크 내에서 이루어지는 개인의 의도적인 행위와 관련되어서는 더 복합적인 결과를 보이고 있었다.

　　표출적 동기의 경우, 행위자들은 자신이 소유한 감정적이고 정서적인 자원들을 다른 행위자들과의 교류를 통해 유지하고 확장하기 위해서는 어려운 일이나 고민 등에 대해 도움을 주고받을 수 있는 관계망을 선호하고 있었다. 그리고 도구적 동기의 경우에는 행위자가 소유하지 못한 자원들을 다른 행위자와의 역할 속에서 획득하고 유지하고 확장해야 하기 때문에 정확한 정보와 지식을 얻을 수 있는 규칙에 근거한 안정된 역할관계를 선호하고 있었다.

　　따라서 사회자본의 전제조건으로서 네트워크의 속성에 대한 근거를 찾을 수 있었다. 정서 중시 네트워크를 선호할수록 즉 서로 간에 도움을 주고받고, 의사소통을 통해 자신의 문제를 해결해 주고자 하는 네트워크에서는 표출적 사회자본의 획득 가능성이 높았다. 특히 행위자들의 의도적인 행위가 관련되기 보다는 정서 중시 네트워크라는 자체의 속성 즉 정서적 감정을 교환하여 상호작용을 강화시키는 관계의 속성만으로도 표출적 사회자본 획득 가능성은 높게 나타났다.

그리고 규칙 중시 네트워크를 선호할수록 호혜적 정보 확장 및 활용이라는 도구적 사회자본을 획득할 수 있는 가능성이 존재했다. 이론적 논의에 의하면 도구적 동기는 성격상 자원의 안정성과 믿을 수 있는 자원이어야 한다는 정확도가 확보되어야 보다 긍정적인 도구적 사회자본을 획득할 가능성이 높아지기 때문이다.

그러나 본 저서에 의하면, 행위자들이 도구적 동기에 의해 온라인네트워크에 접근할 때 규칙 중시 네트워크 내에서 도구적 사회자본을 확보할 가능성이 존재하고 있었으나, 행위자들이 정서 중시 네트워크를 경유하게 된다면 더 많은 도구적 사회자본을 획득할 가능성이 높았다. 특히 정서 중시 네트워크 자체의 존재보다는 그 안에서 이루어지는 정보공유라는 행위자의 의도적 행위가 도구적 사회자본의 획득 가능성에 높은 효과를 보이고 있었다.

이처럼 행위자들 간의 정서적 교류를 가능하게 만드는 정서 중시 네트워크는 표출적인 사회자본뿐 만 아니라 도구적 사회자본의 획득도 가능하게 했다. 그러나 도구적 사회자본을 획득하기 위해서 행위자들의 자발적 노력의 행위들이 절대적으로 필요했다. 왜냐하면 행위자들은 자신이 소유하고 있지 않은 자원을 획득하고자 하기 때문에 동질적인 상호작용 속에서 많은 노력을 해야 만이 많은 보상을 얻을 수 있기 때문이다.

또한 표출적 사회자본을 획득하는 데 있어서 행위자들의 의도적인 행위보다는 정서 중시 네트워크 자체가 중요한 영향력을 발휘한 이유는 행위자들은 자신이 소유한 자원을 정서적 관계 속에서 유지하고자 하기 때문에 타인과의 유사한 상호관계가 유지된다면 적은 노력으로도 많은 보상을 얻을 수 있기 때문이다. 따라서 사이버 공간에서는 행위자의 의도적 행위보다는 정서 중시 네트워크의 강화가 표출적 사회자본의 획득에 더 효과적이었다.

결국 행위자들 간의 정서적·정신적 교류를 중심으로 특징짓는 관계 내에서는 그 자체만으로도 표출적 사회자본 형성과 활용에 긍정적이었다. 또한 행위자들의 의도적 행위와 복합적으로 연결되면서 도구적 사회자본 형성과 활용에 긍정적인 영향을 미치고 있음을 알 수 있었다.

그리고 사이버 공간에서 행위자들 간의 정서적 교환을 특징으로 하는 관계 형성은 이미 획득된 사회자본 유지에 긍정적인 영향을 미치고 있으며, 규칙에 의한 통제가 이루어지는 네트워크 내에서는 사회자본 유지뿐 만 아니라, 새로운 사회자본 획득에도 긍정적인 영향을 미치고 있었다. 이것은 정서 중시 네트워크에서는 행위자들이 다른 사이트로 이동하지 않아도 현재의 사회자본을 유지하면서 사회자본의 재형성과 활용이 지속되는 것으로 판단된다. 반면에 규칙 중시의 경우에는 대부분이 행위자들의 도구적 동기에 의해서 선호된 관계이므로 정서 중시 네트워크를 경유하지 않을 경우에는 도구적 사회자본을 획득한 후 다른 자원 확보를 위한 시도를 지속하고 있는 것으로 판단된다. 그리고 새로운 사회자본 획득을 시도한 경우에도 온라인네트워크의 속성과 행위자의 의도적 행위는 사회자본의 형성에 영향을 미치고 있었다.

결론적으로 본 저서의 대상인 대학생들은 제도적 통제에 따른 사회자본 획득보다는 인격적인 상호작용 속에서 보다 많은 긍정적인 사회자본을 획득하고 있었다. 또한 대학생들이 사이버 공간에서 만나는 회원들과 관계가 낯선 사람들과의 관계이기 때문에 이들과의 관계는 약한 연대일 수밖에 없고, 따라서 이 낯선 사람들이 진정한 지지자가 될 수는 없다는 의견(LaRose et al. 2001)과는 달리, 본 저서에 의하면 전혀 만난 적이 없는 사람들이지만 친구로 생각하거나 도움을 주는 사람 등으로 생각하고 있었다.

회원들 간의 관계 속에서 사회자본을 형성하고 활용하는 효과를 살펴보면, 사이버 공간에서 규칙이나 규범의 강화도 중요하지만 무엇보다 회원들 간의 정서적 감정의 교환이라는 인간중심의 네트워크형성이 더 많은 사회자본을 획득하는 데 도움을 주고 있었다. 그러나 사이버 공간에서 긍정적인 사회자본을 획득하는 것은 단순한 과정이 아니었다. 정서 중시의 네트워크를 기반으로 한 행위자들의 의도적인 행위 속에서 사회자본의 다양한 활용의 모습들을 보여주고 있었다.

행위자들은 정서적 감정을 교류하면서 사람들과의 관계를 강화·확장하면서 자신들의 문제나 고민을 해결하였다. 심지어 사이버 공간에서 이루어지는 호혜적 정보의 교류는 오프라인상에서 발생한 문제의 해결책을 제시해 주기도 했으며, 이를 통해 신뢰를 형성하기도 했다. 결국 사이버 공간에서 개개 행위자들은 정신적이고 정서적 만족이이라는 정신적 웰빙과 긍정적인 목적적 행동의 혜택을 획득하는 것으로 나타났다.

따라서 온라인네트워크 내에서 표출적·도구적 사회자본을 형성하고 활용하기 위해서는 정서 중시 네트워크를 활성화하여 회원들 간에 어려운 일이나 문제 해결에 많은 도움을 주어야 한다. 즉 감정적이고 정서적인 상호작용을 강화시키는 정서를 중심으로 한 관계의 속성을 발전시켜야 한다. 특히 도구적 사회자본을 획득하기 위해서는 정확한 정보의 제공과 의견을 자주 교환하면서 호혜적인 정보자료 업로드 등 적극적인 참여행위가 원활히 수행될 수 있어야 할 것이다.

사이버 공간에서 사람들은 새로운 세계를 만들고, 오래된 또는 새로운 친구들과 채팅을 하면서 즉석에서 메시지를 사용하고, 온라인 공간의 공동체를 방문하고, 멀티유저[31] 게임을 하기 위해 사이버 공간에서 활동 중이다. 결국 본 저서에서 개개 행위자들이 어떻게 사이버 공간에서 사회자본을 형성·활용하고 있는지를 분석하는 일은 사람 대 사람 간의 관계 형성의 확장과 관계 발전의 과정에 대한 분석으로서 사이버 공간에서 인간중심의 관계 형성을 파악하고 있다는 점에서 의의를 찾을 수 있다.

물론 본 저서에서 이러한 관계 발전의 과정을 분석하는 데는 문

---

31) multiuser. 1대의 컴퓨터를 동시에 여러 사람이 쓸 수 있게 하는 시스템. 여러 단말이 접속되어 있고 각 단말을 이용하는 유저는 마치 그 컴퓨터를 홀로 사용하는 것처럼 운영한다. 운영체계는 멀티유저를 위한 처리를 수행한다. 구체적으로 각 유저의 메모리 영역이나 CPU의 사용기간을 구획하며, 입·출력장치는 일괄해서 액세스를 통제한다. 멀티유저의 운영체계로는 유닉스가 유명하며 루트(root)라 불리는 특권유저가 일반 유저를 관리하는 구조로 되어 있다. 멀티유저의 시스템은 컴퓨터 고가격시대에 탄생했지만 동시에 많은 유저가 컴퓨터에 무거운 부하를 걸게 되면 동작이 크게 둔화되는 경우도 있다.

제가 있다. 사이버 공간의 변화는 빠르게 진행되고 있으며, 행위자들의 특성도 빠르게 변화하고 있다는 점에서 사회자본 활용의 일반화를 논의한다는 것은 어려운 일이다.

그럼에도 사이버 공간에서의 사회자본의 형성과 활용의 과정을 살펴보고자 하는 이유는 온라인네트워크는 행위자들이 다양한 생각과 담론을 교환하는 것을 허용하고 사회적 지원을 제공함으로써 번창해 가고 있는 상황에서 장기적으로 볼 때, 사이버 공간에서 사회자본의 영향들이 증대할 것으로 판단되기 때문이다.

정보화 사회에서 행위자들의 온라인 활동은 계속 성장할 것이며 그 속에서 행위자들 간의 관계도 계속 누적될 것이다. 따라서 사이버 공간에서 개인들이 선택할 수 있는 사항들은 보다 많아질 것이고, 사람들 간의 관계와 상호작용도 훨씬 수월해질 것이다. 결국 면대면과 동일한 모습은 아닐지라도 개개의 행위자들 간의 움직임과 사회자본에 대한 분석은 정보화 사회에서 행위자들의 보다 나은 삶을 파악하는 데 중요할 것이다.

참고문헌

1. 국문 참고문헌

강원택. 2004. "인터넷 정치 집단의 형성과 참여: 노사모를 중심으로."「한국과 국제정치」20(3): 161 – 184.

강정인 · 이현우 · 이원태. 2002. "정보화와 한국인의 의식변화: 네티즌의 동호회 활동을 중심으로."「한국과 국제정치」18(4): 99 – 127.

김경희 · 김주열. 2004. "인터넷 커뮤니티 개설자의 개설동기와 커뮤니티 속성에 대한 연구."「사이버 커뮤니케이션 학보」13: 5 – 37.

김계수. 2004.「AMOS 구조방정식 구조모형」.(주)데이터솔루션.

김명아. 2003. "사이버 공동체와 사회자본의 형성: 노사모를 중심으로."「지역사회학」5(1): 83 – 103.

김미라. 2000. "온라인 커뮤니티의 유형과 실태."「사회비평」24: 194 – 205.

김예란. 2004. "가상공간의 공동체 문화 탐색: 사이월드 문화를 중심으로."「언론과 사회」12(3): 55 – 89.

김용학. 2003.「사회 연결망 이론」.박영사.

김유정. 1998.「컴퓨터 매개 커뮤니케이션」.커뮤니케이션북스.

김정국. 2000. "사이버커뮤니티의 형성과 해방: 자유해방 주의적 관점에서."「사회이론」: 29 – 53.

김종길 · 김준수. 1998. "한국의 유즈넷 뉴스그룹 형성과 발전 가능성."「한국사회학」32:337 – 365.

_____. 2002a. "지식정보사회의 새로운 공동체 실험 '붉은악마'."「정보화정책」9(3): 123 – 142.

_____. 2002b. "사이버커뮤니케이션의 확산과 인터넷 기반 공동체의 가능성."「진단과 대응의 사회학」.박영사. 351 – 376.

김지화 · 조효래. 1997. "CMC를 통한 전자공동체의 형성: PC통신상의 동호회를 중심으로."「동향과 전망」36: 199 – 226.

김효근 · 이경연 · 강소라. 2003. "가상 커뮤니티의 사회적 기반요소와 커뮤니티 활성화에 미치는 영향에 관한 실증 연구."「정보기술과 데이터베이스 저널」10(1): 35 - 46.

노형진. 2002.「SPSS / Amos에 의한 사회조사분석」.형설출판사

라도삼. 2003. "한국인터넷의 발전과 사이버문화의 이해."「사상」여름호: 184 - 213.

_____. 2000. "문화와 시장 / 사회적 자본, 신뢰, 시장: 시장에 대한 사회학적 접근." 한국사회학회 2000년도 춘계특별심포지엄: 21세기의 시장과 한국사회학: 새로운 탐구영역의 모색. 79 - 111.

박경태·설동훈·이상철. 1999. "국제노동력이동과 사회적 연결망: 경기도 마석의 필리핀인 노동자 집단을 중심으로."「한국사회학」33(겨울): 819 - 849.

박광순·조명휘. 2004. "인터넷의 웹 블로그(Web - blog) 이용 동기와 만족도에 관한 연구: 대학생 집단을 중심으로."「한국언론학보」48(5): 270 - 294.

박기순. 2000. "인간·사이버공간·커뮤니케이션."「인간, 매체, 커뮤니케이션」.커뮤니케이션북스.

박영신. 2001. "인터넷과 지배문화."「사회이론」19: 7 - 36.

박찬웅. 1999. "신뢰의 위기와 사회적 자본."「사회비평」19: 201 - 207.

_____. 2000a. "사회적 자본과 사회적 신뢰."「비교사회」3: 137 - 163.

_____. 2000b. "문화와 시장 / 사회적 자본, 신뢰, 시장: 시장에 대한 사회학적 접근." 한국사회학회 2000년도 춘계특별심포지엄: 21세기의 시장과 한국사회학: 새로운 탐구영역의 모색. 79 - 111.

박창호. 2003. "사이버 세계의 이율배반성과 신뢰성 문제."「사회이론」24: 336 - 367.

_____. 2004. "인터넷 커뮤니케이션, 공공 영역의 쇠퇴인가 부활인가?"「사회이론」25: 117 - 142.

배 영. 2002. 사이버 공간의 사회자본: I사 포럼 분석을 중심으로. 박사학위논문. 연세대학교 대학원 사회학과.

_____. 2003a. "사이버 커뮤니티의 내부 동학과 관계구조: 28개 전문인 포럼의 비교분석."「한국사회학」37(3): 109 - 134.

_____. 2003b. "사이버 커뮤니티의 경험적 분석을 이용한 사회자본의

유형화."「한국사회학」37(5): 161 – 186.

사이버문화연구소. 2000.「Cyber is – 네트에서 문화 읽기」.역사넷.

서이종. 2002. 「인터넷 커뮤니티와 한국사회」.한울아카데미.

서진완·박희봉. 2003. "인터넷 활용과 사회자본: 사이버공동체의 사회 자본 형성 가능성을 중심으로."「한국정치학회보」12(1):27 – 49.

설동훈. 1998. "외국인노동자와 사회적 자본." 「한국사회와 외국인노동 자: 그 종합적 이해를 위하여」.미래인력연구센터. 209 – 294.

송경재. 2002. "사이버 커뮤니티와 사회적 자본." 경희대학교 대학원 고 황논집 31: 177 – 202.

_____. 2004. "사회적 자본과 네트워크: 조직구조를 중심으로."「사회 이론」25: 251 – 282.

_____. 2005. "사이버공동체의 사회적 자본과 네트워크 정치참여."「한 국정치학회보」39(2): 423 – 445

송재용. 2004. "사이버 공동체의 한계: 공동체주의 관점에서."「현상과 인식」 28(1,2): 55 – 77.

신경림. 1993. "연구 전통의 통합": 361~377 (최영희 편저.「질적 간호 연구」서울: 수문사).

유석춘·장미혜. 2002. "사회자본과 한국사회."「사회발전연구」8:87 – 125.

유석춘·장미혜·배영. 2002. "사회자본과 신뢰: 한국, 일본, 덴마크, 스웨덴 비교연구."「東西硏究」14(1): 101 – 135.

유재원. 2000. "사회자본과 자발적 결사체."「한국정책학회보」9(3): 243 – 259.

윤영민. 2000. "21세기 공동체의 전망: 가상공동체의 분석을 중심으로." 「한국행정연구」 9(1):246 – 255.

윤준수. 1998. 「인터넷과 커뮤니케이션 패러다임의 대전환」.커뮤니케이 션북스.

이명식. 2001. "신뢰와 기회주의가 사이버공동체에 미치는 영향."「사회 과학」14. 상명대학교 사회과학 연구소.

이수동. 2003. 사이버 공동체의 사회자본 특성에 관한 비교연구: 온라 인 기반형 공동체와 오프라인 기반형 공동체를 중심으로. 석사

학위논문. 연세대학교 대학원 신문방송학과.

이시영. 2002. "여가활동을 위한 인터넷 활용의 변화." 「한국산림휴양학회지」6(3): 59 - 66.

이원태. 2003. "사이버공동체와 한국사회: 개인과 공동체의 관계를 중심으로." 「사상」여름호: 155 - 183.

_____. 2004. 인터넷 정치참여에 관한 연구: 2004년 한국의 17대 총선정국을 중심으로. 서강대 박사학위논문.

이재관. 2002. 「사이버공동체의 성공 요인」. 아산재단 연구총서 95집. 집문당

이항우. 2004. "인터넷 문화와 온라인 상호작용 연구의 쟁점과 동향." 「정보화정책」11(1): 3 - 19.

이호규. 2002. "가상공동체 개념 정립: 공간, 장소, 그리고 신뢰를 중심으로." 「언론과 사회」10(3):88 - 116.

장용호. 2002. 「사이버 공동체 형성의 역동적 모형」. 집문당

조용환. 2000. 「질적 연구: 방법과 사례」. 교육과학사.

최 영. 1998. 「뉴미디어 시대의 네트워크 커뮤니케이션」. 커뮤니케이션.

최태룡. 2000. "컴퓨터 통신과 사회적 관계의 형성." 「지역사회연구」8(2):223 - 246.

한상진. 1995. "정보사회에서의 공동체의 변화." 「경제와 사회」 27: 56 - 75.

황상민. 2004. 「대한민국 사이버 신인류」. 21세기북스.

2. 영문 참고문헌

Barlow, J. P., S. Birkets, K. Kelly, and M. Slouka 1995. "What are we doing online?." *Harper's* 291: 35 - 46.

Baym, N. K. 1997. "Interpreting soap operas and Creating Community: Inside an electronic fan culture." in S. Kiesler(ed.). *Culture of the Internet*. Mahweh, NJ: Lawrence Erlbaum Associates.

Bian, Y and S. Ang. 1997. "Guanxi Networks and Job Mobility in China and Singapore." *Social Forces* 75: 981 - 1005.

Bourdieu, P. 1986. "The Forms of Capital." in John G.Richardson(ed.). *Handbook of Theory and Research for Sociology of Education*. New York: Greenwood Press.

Bryman, A. 1988. *Quantity and Quality in Social Research*. Unwin Hyman Ltd.

Burt, R. 1995. *Structural Holes: The Social Structure of Competition*. Harvard University Press. Combridge, MA.

_____. 2001. "Structural Holes versus Network Closure as Social Capital" in Lin, N., Karen Cook, and R. S. Burt(eds). *Social Capital: Theory and Research*. Aldine de Gruyter.

Castells, M. 2000. *The Rise of the Network Society*. Blackwell. (김묵한 외 역. 2003. 「네트워크 사회의 도래」.한울).

Castells, M., I. Tubella, T. Sancho, I. Diaz de Isla, and B. Wellman. 2003. "The Network Society in Catalonia: An Empirical analysis."(http://www.uoc.edu-/in3/pic/eng/index.html).

Chau, P. Y. K., M. Cole, A. P. Massey, M. Montoya − Weiss, and R. M. O'keefe. 2002. "Cultural Differences in the Online Behavior of Consumers." *Communications of the ACM* 45(10): 138 − 143.

Coleman, J. S. 1988. "Social Capital in the Creation of Human Capital." *American Journal of Sociology* 94: S95 − S120.

_____. 1990. *Foundations of Social Theory*. Cambridge, Mass.: Harvard University Press.

Constant, D, Lee Sproull and Sara Kiesler, 1996. "The Kindness of Strangers: The Usefulness of Electronic Weak Ties for Technical Advice." *Organization Science* 7(2): 119 − 135.

Davis, S, Larry Elin, and Grant Reeher. 2002. *Click on Democracy: The Internet's Power to Change Political Apathy into Civic Action*. Boulder, CO: Westview Press.

Flanagan, A. and M. Metzger. 2001. "Internet use in the Contemporary Media Environment." *Human Compuyer Research* 27: 153 − 181.

Flap, Henk d. 1991. "Social Capital in the Reproduction of Inquality." *Comparative Sociology of Family, Health and Education* 20: 6179 − 6202.

_____. 1994 *No Man Is an Island: The Research Program of a social Capital Theory*. Presented at the World Congress of Socilolgy, Bielefeld, Germany, July.

Glogoff, S. 2001. "Virtual Connections: Community Bonding on the Net." *First Monday*. Peer－Reviewed Journal on the Internet(http://firstmonday.org/issues/issue6－3/glogoff/index.html).

Goetz, J., and M. LeCompte 1984. *Ethnography and Qualitative Design in Educational Research*. New York: Academic Press.

Granovetter, M. 1973. "The Strength of Weak Ties." *American Journal of Sociology* 78: 1360－1380.

_____. 1983. "The Strength of Weak Ties: A Network Theory Revisited." *Sociological Theory* 1(1): 201－233.

Hampton, K. and Wellman, B. 2003. "Neighboring in Netville: How the Internet Supports community and Social Capital in a Wired Suburb." *City and Community* 2(4): 277－311(http://web.mit.edu/knh/www/downloads/cityncomm12－mp.pdf).

Haythornthwaite, C. 2002. "Building Social Networks via Computer Networks: Creating and Sustaining Distributed Learning Communities." in K.A. Renninger and W. Shumar(eds.). *Building Virtual Communities: Learning and Change in Cyberspace*. Cambridge: Cambridge University Press (http://alexia.lis.uiuc.edu/～haythorn/hay－bvc.htm).

Haythornthwaite, C., and B. Wellman. 1998. "Work, Friendship, and Media use for Information Exchange in a Networked Organization." *Journal of the American Society for Information Science* 49(12): 1101－1114.

Hiltz, S. R. and M. Turoff. 1993. *The Network Nation*. 2nd ed. Cambridge, MA: MIT Press.

Homans, George C. 1950. *The Human Group*. New York: Harcourt, Brace and World.

Horrigan, J. B. 2002. *Online Communities: Networks that Nuture Long－distance Relationship and Local Ties*. Washington, DC: Pew Internet and American Life Study.

Howard, P., L. Rainie and S. Jones. 2002. "Days and Nights on the Internet: The Impact of a Diffusing Techology." in Barry Wellman and C. Haythornthwaite(eds.). *The Inernet in Everyday Life*, Oxford: Blackwell.

Johnson, B., and Christensen, L. 2000. *Educational research: quantitative and qualitative approaches*, MA: Allyn and Bacon.

Jones, S. 1998. *Cybersociety 2.0: Revisiting Computer — mediated Communication and Community*. Thousand Oaks, Calif.: Sage.

Kadushin, C. 2004. "Too Much Investment in Social Capital." *Social Networks* 26: 75 — 90.

Kraut, R. E., M. Pattrtson, V. Lundmark, S. Kiesler, T. Mukhopadhyay, and W. Scherlis. 1998. "Internet Paradox: A Social Technology that Reduces Social Involvement and Psychological Well — being?" *American Psychologist* 53(9): 1017 — 1031.

_____. 2002. "Internet Paradox Revisited." *Journal of Social Issue*. 58(1): 49 — 74.

LaRose, R., Eastin, M. S., Gregg, J . 2001. "Reformulating the Internet Paradox: Social Cognitive Explanations of Internet use and Depression." *Journal of Online Behavior* 1(2)(http://www.behavior.net/JOB/v1n2/paradox.html).

Laumann, Edward O. 1966. *Prestige and association in an urban community:an analysis of an urban stratification system*. Indianapolis, Bobbs — Merrill.

Lazarsfeld, Paul F and Robert K. Merton. 1954. "Friendship as Social Process: A Substantive and Methodological Analysis" in P.L.Kendall(ed.). *The Varied Sociology of Paul F. Lazarsfeld*, New York: Columbia University Press.

Nie, N. H. 2001. "Sociability, Interpersonal Relations and the Internet: Reconciling Conflicting Findings." *American Behavioral Scientist* 45(3): 426 — 437.

_____. D. S. Hillygus and L. Erbring. 2002. "Internet use, Interpersonal Relations, and Sociability: A Time Diary Study." in Barry Wellman and C. Haythornthwaite(eds.). *Internet in Everyday Life*. Oxford: Blackwell.

Lin, Nan. 1999a. "Building a Network Theory of Social Capital." *Connection* 22: 28 — 51.

_____. 1999b. "Social Networks and Status Attainment." *Annual Review of Sociology* 23: 467 – 468.

_____. 2000. "Inequality in Social Capital."*Contemporary Sociology* 29(6): 785 – 795.

_____. 2001. *Social capital: A Theory of Social Structure and action.* New York: Cambridge University Press.

Lin, Nan. and Mary Dumin. 1986. "Access to Occupations through Social Ties." *Social Networks* 8: 365 – 385

Lin, Nan. Walter M. Ensel, and John C. Vaughn. 1981. "Social Resources and Strength of Ties: Structural Factors in Occupational Status Attainment." *American Sociology Review* 46: 393 – 405.

Merton, Robert K. 1968. *Social theory and social structure.* New York: Free Press.

Norris, P. 2001. *Digital Divide: Civic Engagement, Information Poverty, and the Internet Worldwide.* New York: Cambridge University Press.

Ostrom, E. 2000. "Social Capital: a Fad or a Fundamental Concept?" in Partha Dasgupta and Ismail Serageldin(eds.). *Social Capital: A Multifaceted Perspective.* Washington, D.C.: The World Bank.

Portes, A. and Sensenbrenner, J. 1993 "Embeddedness and Immigration: Notes on the Social Determinants of Economic Action." *AJS* 98(6): 1320 – 1350.

_____. and Landolt, P. 1996. "The Downside of Social Capital." *The American Prospect* 26: 18 – 21(http://epn.org/prospect/26/26 – cnt2).

_____. 1998. "Social Capital: Its Origins and Applications in Modem Sociology." *Annual Review of Sociology* 22: 1 – 24.

Putnam, R. D. 1993. "The Prosperous Community: Social Capital and Public Life." *The American Prospect* 13(http://www.prospect.org/print/V4/13/putnam – r.html).

_____. 1995 "Bowling Along, Revisited." *The Responsive Community* spring: 18 – 33.

_____. 2000. *Bowling alone: The Collapse and Revival of American Community.* New York: Simon and Schuster.

_____. 2001. "Social Capital Measurement and Consequences." *ISUMA* 2(1): 41−51(http://www.isuma.net/v02n01/putnam/putnam−e.pdf).

Quan−Haase, A. and Wellman, B. 2002. "Capitalizing On the Net." Barry Wellman and Caroline Haythornthwaite(eds.). *The Internet in Everyday Life*. Blackwell Publishing.

_____. 2004. "How Does the Internet Affect Social Capital." in Marlee Huysman and Volker Wulf(Eds.), *Social Capital and Information Technology*. The MIT press.

Rheingold, H. 1992. "A Slice of Life in My Virtual Community."(http://interact.uoregon.edu /MediaLit/mlr/readings/articles/aslice.html).

_____. 2000. The virtual Community(http://www.rheingold.com/vc/book/intro.html).

_____. 2002. *SMART MOBS − The Next Social Revolution*. Borckman, Inc (이운경 역. 2003.『참여군중』.황금가지).

Sander, T. 2005. "E−association? Using Technology to Connect Citizen: The Case of Meetup.com." *Annual meeting of the American Political Science Association*: 1−46.

Sproull, L. S. and S. B. Kiesler. 1991. *Connections: New ways of Working in the networked organization*. Cambridge: MIT Press.

Volker, B and Henk Flap. 1999. "Getting Ahead in the GDR: Social Capital and Status Attainment under Communism." *Acta Sociologica*. 41: 17−34.

Walther, J. B. 1995. "Relational Aspects of Computer−Mediated communication: Experimental Obervations Over times." *Organization Science* 6(2): 186−203.

Wellman. B. 1996. "For a Social Network Analysis of Computer Network." in SIGCPR / SIGMIS '96, ACM, denver Colorado USA: 1−11 (http://portal.acm.org/citation.cfm?id=238860).

_____. 1999. "The Network Community: an Introduction." in Barry Wellman (Ed.), *Networks in the Global Village*. Boulder: Westview Press (hthttp://www.chass.utoronto.ca/~wellman/publications/globalvillage/in.htm).

_____. 2001a. "Physical Place and Cyber Place: The Rise of Personalized

Networking." *International Journal of Urban and Regional Research* 25(2):227 −252.

_____. 2001b. "Computer Networks as Social Networks." *Science* 293(14): 2031 − 2034.

Wellman. B., and Milena Gulia. 1999. "Net −Surfers Don't Ride Alone: Virtual Communities as Communities." in Barry Wellman(ed.), *Networks in the Global Village*. Boulder: Westview Press(http://www.chass.utoronto.ca/∼ wellman/publications/index.html).

Wellman. B., and K. Hampton. 1999. "Living Networked On and Off Line." *Contemporary Sociology*. 28(6): 648 −654 (http://web.mit.edu/knh/www/downloads/onandoff.pdf).

Wellman. B., and K. Hampton. 2000. "Internet Strengthens Social Relations and Community Involvement: The Netville Wired Neighborhood Study." *American Sociological Association(ASA) News(http://www.asanet.org/media/neville.html)*.

Wellman. B., Janet Salaff, Dimitrina Dimitrova, Laura Garton, Milena Gulia and Caroline Haythornthwaite. 1996. "Computer Networks as Social Networks: Collaborative Works, Telework, and Virtual Community." *Annual Reviews Inc.* 22: 213 − 238.

3. 기타 참고 자료

http://cafe.daum.net

http://cafe.daum.net/4toeic

http://cafe.daum.net/usembassy

http://h21.hani.co.kr(2006.1.18)

http://isis.nida.or.kr (2005 한국인터넷 통계집)

http://www.campustimes.co.kr/(전교학신문: 2006.5.1)

http://www.cyworld.nate.com

http://www.dt.co.kr/(디지털타임스: 2006.5.19)

http://www.dukemagazine.duke.edu/dukemag/issues/070804/cyber −
        community1.html
http://www.hani.co.kr: 2004년 7월 14일
http://www.inews24.com
http://www.infed.org/biblio/social − capital.htm
http://www.metrixcorp.com
http://www.nca.or.kr/nca − news/trend01 − 20060207.htm
http://www.rheingold.com/VirtualCommunity.html
http://www.sociology.mmu.ac.uk/socyb04/comsoc.php

부록 1. 요인분석 결과

<접근 동기에 대한 요인분석>

	Component		
	1	2	3
지식과 정보획득 위해 접속	0.538	0.465	0.117
세상 돌아가는 것을 알기 위해 접속	0.805	0.227	0.083
생활의 편의를 위해 접속	0.844	0.052	0.098
여가 활용을 위해 접속	0.127	0.859	0.192
재미흥미를 위해 접속	0.132	0.851	0.172
대인관계를 위해 접속	0.059	0.414	0.758
친목을 위해 접속	0.146	0.065	0.912

KMO[32]: 0.756

온라인 접근 동기를 조사하기 위한 7문항을 요인을 분석한 결과, 요인별 적재 값 0.5를 기준으로 세 가지 요인으로 분류하였다.

<온라인네트워크에 대한 요인분석>

	Component	
	1	2
회원들이 지켜야 할 규칙 존재	0.18	0.74
규칙 규범의 강제	0.01	0.79
제재를 받기도 함	−0.03	0.84
암묵적인 관행존재	0.30	0.68
서로의 생각에 영향	0.57	0.46
회원들이 어려운 일에 처했을 때 도움을 줄 것이다	0.85	0.23
내가 어려운 일에 처했을 때 회원들이 도움을 준다	0.85	0.22
중요한 일을 회원들과 의논함	0.82	0.00
다양한 수단을 통한 커뮤니케이션	0.81	−0.03

KMO: 0.804

---

32) KMO(Kaiser – Meyer – Olkin) 검정은 수집된 자료가 요인분석에 적합한지의 여부를 검증하는 것이다. KMO 값은 표본 적합도를 나타내는 값으로 0.5이상이면 표본자료는 요인분석에 적합함을 판단할 수 있다.

온라인네트워크 성격을 조사하기 위한 9문항을 요인을 분석한 결과, 요인별 적재 값 0.5를 기준으로 두 가지 요인으로 분류하였다.

<사회자본에 대한 요인분석>

	Component	
	1	2
회원들과의 교류를 통해 강한 유대감을 느낌	0.854	0.211
소속감 느낌	0.875	0.252
회원들 간에 믿는 편	0.864	0.199
친밀감 느끼는 친구 생김	0.794	0.222
전문정보를 획득하고 활용이 가능	0.081	0.838
정보제공하면서 보람느낌	0.326	0.786
전문적 토론이 가능함	0.284	0.773

KMO: 0.859

사이버 공간에서의 사회자본을 조사하기 위한 7문항을 요인을 분석한 결과, 요인별 적재 값 0.5를 기준으로 두 가지 요인으로 분류하였다.

<의도적 행위>

	Component	
	1	2
on – offline모임참가	0.843	0.311
커뮤니티 모임 외에 개인적 만남	0.861	0.317
가족 · 친구에게 회원소개	0.801	0.304
관심분야에 많은 정보제공	0.312	0.670
게시판과 자료실에 의견 자주 올리기	0.260	0.846
자료업로드	0.212	0.839
모든 활동에 적극참여	0.502	0.699
나를 솔직하게 표현	0.403	0.653

KMO: 0.892

사이버 공간에서의 사회자본을 획득한 후 행위자들이 사회자본을 유지하거나 재창조하기 위한 행위자들의 위도적인 행위를 조사하기 위해 8문항을 요인을 분석한 결과, 요인별 적재 값 0.5를 기준으로 두 가지 요인으로 분류하였다.

부록 2. 빈도표

1. 접근 동기에 대한 전반적인 의견

단위: %

	지식과 정보	대인 관계	여가 활동	재미 흥미	친목	현실 파악	생활 편의
전혀 그렇지 않다	4.2	4.2	2.8	2.2	5.8	4.4	6.5
그렇지 않다	6.0	10.9	6.4	7.3	13.2	8.9	13.8
보통이다	24.7	26.9	21.6	19.6	31.2	31.6	32.0
그렇다	47.4	43.4	54.1	53.8	41.2	44.9	36.4
매우 그렇다	17.7	14.6	15.2	17.1	8.6	10.3	11.3

2. 온라인네트워크의 전반적인 성격

단위: %

	규범 규칙	규범 강제	제재	암묵적 관행	생각에 영향	난 도움줌	회원이 도움줌	중요한일 의논	다양한 의사소통
전혀 그렇지 않다	5.2	16.4	16.7	9.3	5.1	6.6	7.2	11.1	12.9
그렇지 않다	13.5	38.7	28.2	23.5	13.4	20.6	21.7	29.2	24.7
보통이다	31.8	31.4	26.5	33.4	37.0	37.7	39.2	35.5	29.6
그렇다	39.3	12.1	24.5	28.2	38.2	28.7	26.8	20.3	24.6
매우 그렇다	10.2	1.4	4.0	5.6	6.3	6.5	5.1	3.9	8.3

3. 사이버 공간에서의 혜택

단위: %

	유대감	소속감	믿음	친밀감	정보획득	정보제공	전문적 논의
거의 그렇지 않다	7.1	6.4	6.1	8.1	4.3	4.3	4.6
그렇지 않다	20.8	16.3	22.4	25.9	11.4	15.1	16.5
보통이다	42.0	41.0	40.1	33.4	34.8	38.3	36.7
그렇다	26.3	30.8	27.0	26.0	42.1	37.1	33.2
매우 그렇다	3.7	5.5	4.4	6.6	7.4	5.2	8.9

4. 의도적 행위에 대한 전반적인 의견

단위: %

	on - offline 모임참가	개인적 만남	가족 · 친구에게소개	정보 제공	의견 올리기	자료 업로드	활동 적극 참여	솔직한 표현
거의 그렇지 않다	16.1	20.5	19.8	9.0	11.2	11.9	13.0	10.9
그렇지 않다	36.7	36.3	36.0	19.7	31.2	37.0	29.7	23.4
보통이다	28.0	24.6	25.7	40.4	34.7	32.0	33.1	33.8
그렇다	14.5	14.2	15.4	26.9	18.6	14.6	19.8	24.9
매우 그렇다	4.8	4.4	3.1	3.9	4.3	4.5	4.4	7.0

5. 온라인 활동과 사회자본의 사용 정도

단위: %

	동기완성 후 활동중단	동기완성 후 다른 동기에 접근	동기완성 후 사회자본 유지	동기완성 노력지속	동기실패 후 활동 중단
전혀 그렇지 않다	9.7	4.8	4.5	6.6	7.9
그렇지 않다	42.3	20.9	18.6	23.3	31.4
보통이다	30.9	43.0	48.7	45.0	37.5
그렇다	15.3	29.5	25.7	22.4	18.9
매우 그렇다	1.8	1.9	2.4	2.8	4.4

김명아 ─────────────────────────────────

▌약력

1969년 전주 출생. 전북대학교에서 사회학 박사학위를 받았고, 현재 전북대학교,
원광대학교 등에서 강사로 근무하고 있다.

▌주요논문

「사이버 공간의 사회자본 형성과 활용에 관한 연구」
「사이버 공동체와 사회자본의 형성: 노사모를 중심으로」
「한국인의 보안행동 결정요인에 대한 연구」
「노동운동의 인터넷 활용과 정보화」 등이 있다

사이버공간의
사회자본

초판인쇄 | 2009년 3월 30일
초판발행 | 2009년 3월 30일

지은이 | 김명아
펴낸이 | 채종준
펴낸곳 | 한국학술정보㈜
주 소 | 경기도 파주시 교하읍 문발리 513-5 파주출판문화정보산업단지
전 화 | 031) 908-3181(대표)
팩 스 | 031) 908-3189
홈페이지 | http://www.kstudy.com
E-mail | 출판사업부 publish@kstudy.com

등 록 | 22,000원
가 격 |

ISBN 978-89-534-1405-1 93330 (Paper Book)
     978-89-534-1406-8 98330 (e-Book)